丛书编委会

大家精要

陈寅恪

马亮宽 著

陕西师范大学出版总社

Chen Yinque

图书代号 SK16N1508

图书在版编目（CIP）数据

陈寅恪 / 马亮宽著. —西安：陕西师范大学出版总社
有限公司，2017.5（2024.1重印）
（大家精要）
ISBN 978-7-5613-9052-8

Ⅰ.①陈… Ⅱ.①马… Ⅲ.①陈寅恪（1890—1969）—
传记 Ⅳ.①K825.81

中国版本图书馆CIP数据核字（2017）第091469号

陈寅恪　　CHEN YINQUE

马亮宽　著

责任编辑	郑若萍	
责任校对	马凤霞	
封面设计	张潇伊	
出版发行	陕西师范大学出版总社	
	（西安市长安南路199号　邮编710062）	
网　　址	http://www.snupg.com	
印　　制	永清县晔盛亚胶印有限公司	
开　　本	650 mm×930 mm　1/16	
印　　张	10	
字　　数	100千	
版　　次	2017年5月第1版	
印　　次	2024年1月第2次印刷	
书　　号	ISBN 978-7-5613-9052-8	
定　　价	45.00元	

读者购书、书店添货或发现印刷装订问题，请与本公司销售部联系、调换。

电话：（029）85303879　　传真：（029）85307864　　85303629

目　录

附录

第 1 章

家世和初学

书香世家

陈寅恪的祖先长期生活于福建，至清雍正年间，陈寅恪的五世祖陈腾远迁居江西义宁州（今江西修水县）。在义宁安乡十三都护仙源居住，开荒垦田。数十年后，至陈寅恪祖父陈宝箴时开始发迹，成为义宁的书香之家，到陈寅恪生活时代，一门四杰，成为江西乃至全国著名的文化家族。

陈氏生活繁衍在江州浔阳常乐里一带（今江西德安县义门村），史称义门陈氏。在长达两百多年中，陈氏大家族十九世同居，聚族近四千口人，有田三百余处。为了保持大家族和睦相处，特别定了家规家法三十三条，借以维持家族内部尊卑有序，和睦相处，齐心协力。坚持"以诗书立门户，以孝悌为根本"的治家原则，具体来说，"家族所有成员做到：清而纯，善而和，义而正，才者不矜，富而不骄，贫而不怨，有勇不犯，有刚不折"。在义门陈氏存在的数百年中，三十三条家法起了重要作用。它始终被家族成员奉作行为规范和准则，整个家族的生活就像一个小社会，各种机制健全而有序。家族在严格家法的控制下又注重家族教育。"学院以教童稚","东佳书院以供学者",也就是规范与教育相结合。规范以调节家族内人际关系,教育以提高家族成员基本素质。对家族成员控制的相对严密,是维持家族长期存在并繁荣昌盛的主要原因。

陈宝箴（1831～1900）,字右铭。为人英毅宏识,才智卓越,21岁中举,30岁时入京参加会试,不第留京,广泛结交才智之士,准备参加下次会试。其间正值英法联军攻破北京,火烧圆明园,陈宝箴于北京某酒店遥见圆明园火起,悲愤难抑,拍案痛哭,旁坐者皆为之动容。太平天国起义期间,陈宝箴受易佩绅与罗亨奎之约,到湖南参与镇压太平天国起义,后入曾国藩幕府,深受曾国藩器重,曾待之为上宾,称其为"海内奇士也"。陈宝箴官累迁至湖南巡抚,成为镇守一方的封疆大吏。后因支持戊戌变法获罪被革官职,以致赐死。

从陈寅恪一生思想与行事来看,他受祖父陈宝箴的影响是家风的传承,而受父兄及家庭的影响更深刻一些。

陈寅恪的父亲陈三立（1853～1937）,字伯严,曾长期在其父去世之所"崝庐"居住,其地称为散原山,自命其号为散原。前半生积极投身社会帮助其父推行新政,后半生远离政治,以诗文名世,是晚清和民国时期诗坛的重要代表人物。在陈寅恪家族发展史上,陈三立是一位承前启后、继往开来的重要人物。

光绪十二年（1886）,陈三立参加会试中试,但因楷法不中律,未应殿试,退而习书。直至光绪十五年,补殿试后始成进士。考中进士后,授吏部主事考功司行走。在京城任职期间,目睹清王朝后期吏治腐败、官场黑暗的现实,自己有志难伸,曾强烈地表示其不满之情:"举五千年之帝统,三百年之本朝,四万万人之性命,而送于三数昏妄大臣之手。"

1901年,陈三立携家眷移居南京,租房屋居住于中正街

（后改为白下路）。当时，陈三立妻子俞明诗娘家的大部分人也居住于南京，且有长期在南京居官者。俞明诗父俞文葆，浙江绍兴人，曾任湖南知府，此后，俞家子孙兴旺，英才辈出，成为浙江绍兴的文化大族。俞文葆二子三女，长子俞明震（1860~1918），光绪年间中进士，授翰林院庶吉士，曾积极参与戊戌变法，失败后曾任南京江南陆师学堂附设矿务铁路学堂总办，宣统年间曾任甘肃提学使，辛亥革命后曾任中华民国肃政使等职。其子俞大纯、女俞珊均为现代史上知名人士。俞文葆三子俞明颐，曾任湖南陆军小学堂（原武备学堂）总办，后任清军协统，积极参与维新变法运动，辛亥革命中湖南军界领导人唐生智、程潜、陆其炳等都是其学生。俞明颐娶妻曾广珊，是曾国藩嫡亲孙女，曾纪鸿之女。俞明颐夫妇生育的八个子女皆有成就，其子俞大维娶陈寅恪妹妹陈新午为妻。俞大维曾回忆说：他与陈寅恪一家是"三代世交，两代姻亲，七年同学"。俞大维妹妹俞大彩嫁给傅斯年为妻，所以傅斯年母亲去世时，陈寅恪进行慰悼，称傅母为"姻伯母大人"，实际上就是因为他与俞大彩嫡亲表兄妹的关系。陈寅恪父子与俞明震兄弟、俞大维兄弟姐妹都保持了终生情谊。陈寅恪一家与湖南曾国藩家族也是通家情谊，其祖父与曾国藩父子，陈三立与曾广钧兄弟，陈寅恪兄弟与曾家昭字辈兄弟姊妹也保留着情谊。陈寅恪终生虽然献身于学术，学术思想理念先进，有些甚至是超前的，但生活作风和思想观念却保留着一些传统世家子弟的习尚，应该说这与他的家庭和广泛的亲属族群有着密切关系。

陈三立共有五子三女，其长子陈衡恪，乳名师曾，后以师曾为字，是陈三立原配夫人罗氏所生。陈衡恪1876年出生于湘西凤凰城，自幼天资聪颖，有很强的记忆力，而且幼年就表现出艺术天赋，喜欢绘画。陈氏家族熟悉教育方法，在陈衡恪幼年并没有刻意地培养其绘画，聘请名师施教，过早地使其局限于一家一派，而是崇尚自然，让其天赋自由发挥，充分张扬个性，发展其自然想象力，使其艺术潜能和天然的创造性思维能力得以充分发挥。接近成年时，诗文、书法、绘画具有基础后，再请名师给予教诲，进行严格的专业基础训练。陈衡恪从周大烈学文学，从范镇霖学书法中的汉隶、魏碑，从范当世学行书。此三人皆当世名流，与陈宝箴、陈三立父子交谊甚深。其中范当世对陈衡恪影响更大一些，后来范当世将女儿范孝娥嫁给陈衡恪为妻，两家成为世交加姻亲。

光绪二十七年（1901），陈衡恪到上海求学，先入法国教会学校，后转入南京陆师学堂附设矿务铁路学堂，与鲁迅同学。两年后，携弟陈寅恪与鲁迅等人到日本留学。毕业回国后，又与鲁迅同在教育部任职，两人结下了深厚的友谊。

陈衡恪德才兼备，是陈氏家风的重要传承者，他的品德、才艺都深刻影响了陈寅恪兄弟。

按照陈寅恪兄弟排行，陈衡恪为长子，排行第一，隆恪排行第五，寅恪排行第六，方恪排行第七，登恪排行第八。

陈三立重视对子女的教育，且思想超前，支持和鼓励子女接受新式教育，出国留学，培养子女们向学的志趣，使得子女都受到了良好的教育，真正形成了世代书香，满门贤俊，而陈寅恪这一代最为典型。

家学渊源

陈寅恪出生于光绪十六年五月十七日（1890年7月3日），是陈三立第三子，因生于农历庚寅年，故其祖母黄氏为之取名寅恪，其祖父陈宝箴曾为之取字鹤寿，后以名行世。陈寅恪出生时，其祖父任湖北按察使，视事三日，改署布政使，其父陈三立随侍湖北任所。

陈宝箴父子都十分重视子孙的教育，举一例可以看出陈宝箴父子对子孙的希望和要求。他晚年给陈隆恪写了一个扇面，全文是："读书当先正志，志在学为圣贤，则凡所读之书，圣贤言语便当奉为师法，立心行事具要依他做去，务求言行无愧为圣贤之徒。经史中所载古人事迹，善者可以为法，恶者可以为戒，勿徒口头读过。如此立志，久暂不移，胸中便有一定趋向，如行路者之有指南针，不至误入旁径，虽未遽是圣贤，亦不失为坦荡之君子矣。君子之心公，由亲亲而仁民，仁民而爱物，皆吾学中所应有之事。故隐居求志则积德累行，行义达道则致君泽民，志定则然也。小人之心私，自私自利，虽父母兄弟有不顾，况民、物乎？此则宜痛戒也。"陈宝箴此训诲之言写于陈隆恪少年时，此时陈宝箴已被罢官，他本人虽然蒙冤受屈，但对子孙的教诲、要求毫不降低，对社会也没有怨恨之意，其意蕴深远，其思想健康向上之情充分显示。虽然写给陈隆恪，但自然是针对所有子孙的，陈寅恪比陈隆恪小两岁，接受的启蒙教育及其生活氛围肯定是相同的。

陈寅恪自幼聪慧好学，记忆力过人。在平和、安定的家塾中接受了传统的启蒙教育。六岁时入私塾从宿儒周大烈读书，他自己曾回忆说："小时在家塾读书，又从学于友人留日者学日文。"陈宝箴父子重视对子孙的教育，又有条件设立家塾，聘请名儒做教师教陈寅恪兄弟。陈宝箴父子尊师重教，不仅对教师的选聘重视，而且对教育方法也相当注意，与家塾教师约定：不打骂体罚学生，不让学生死背书，除传统的教学内容外，还要教一些外文、算术等新科目的基础知识。

童年的陈寅恪在宽松、平静的家塾中培养成了好读书、追求新知识的秉性，并且成为终生的习惯。他曾经对学生回忆幼年勤奋读书的经历："因龆龄嗜书，无书不观，夜以继日。旧日既无电灯，又无洋烛，只用小油灯，藏之于被褥之中，而且四周放下蚊帐以免灯光外露，防家人知晓也。加以清季多有光纸石印缩印本之书，字既细小，且模糊不清，对目力最有损伤。而有时阅读，爱不释手，竟至通宵达旦。"陈寅恪读书十分博杂，而基本典籍大多是少年以前阅读的，他表弟俞大维曾回忆说："关于国学方面，他常说'读书须先识字'。因是他幼年对于《说文》与高邮王氏父子训诂之学曾用过一番苦功。"同时经典书也读得很多，并且熟记在胸。正如俞大维所说："我们这一代的普通念书的人，不过能背诵《四书》《诗经》《左传》等书。寅恪先生则不然，他对十三经不但大部分能背诵，而且对每字必求正解。因此《皇清经解》及《续皇清经解》，成了他经常看读的书。""'三通'序文，他都能背诵，其他杂史，他看得很多。"

1901年，陈寅恪随父母迁居南京。开始入学堂读书，学堂除教授四书五经等传统经典外，还教授科学知识，如数学、英文、音乐等，并购置一些文体教学设备，将丰富的家中藏书存放其中，供学生阅读。陈寅恪在学堂不仅读了许多古书，还初步接受了科学知识，陈寅恪的侄子陈封怀曾回忆说："六叔（寅恪）和几位叔叔都是在这种环境下，打下他们对国学的基础……祖父藏书很丰富，六叔在十几岁以及后来自日本回国期间，他终日埋头于浩如烟海的古籍以及佛书等等，无不浏览。"陈寅恪在优越的家庭环境中，自幼养成努力向学的志向，奠定厚实的传统国学基础，并初步接受了新的科学知识，为出国留学系统学习各种科学知识创造了条件。

第 2 章

留学时代

少年赴日

1902 年春，13 岁的陈寅恪随长兄陈衡恪自南京经上海赴日本留学，在上海停留期间，曾与英国浸礼会传教士李提摩太会面。李提摩太 1870 年受英国浸礼会派遣来中国传教，在中国生活长达四十年。在中国期间，李提摩太积极参与社会事业，精通中文，为中西文化交流做了大量工作，并广泛结交中国各界人士，与李鸿章、张之洞、康有为、梁启超等洋务派、维新派人士交往较多，曾支持和参与维新变法运动。在与晚清上层人士的广泛接触中，对上层人士及其子孙中的纨绔子弟不满意，对一些官宦子弟不学无术、游手好闲、追求奢靡生活的行为看不惯。他对陈寅恪兄弟抛弃世家子弟生活，远涉重洋到国外留学给予高度评价。他对陈寅恪兄弟说："君等世家子弟，能东游，甚善。"陈寅恪后来的回忆专门记述此语，说明他对李提摩太的寄语和希望留有深刻印象。

与陈寅恪兄弟同时到日本留学的还有南京江南陆师学堂及附设矿务铁路学堂的二十多名学生，其中包括鲁迅兄弟，而带队者则是江南陆师学堂总办俞明震。陈寅恪兄弟到日本后，与鲁迅兄弟同入东京弘文学院。弘文学院是日本政府为教授中国留学生日语而开办的一所补习学校，实际是中国留日学生学习各种专业的预备学校。在学习期间，陈衡恪与鲁迅同住一舍，朝夕相处，建立了密切关系和终生友谊。

陈寅恪在弘文学院主要学日语，前后五年，其间两次回国。1904 年夏，陈寅恪利用暑假返回南京，正好赶上清政府留日公派留学生考试，陈寅恪与兄陈隆恪参加了此次考试并同时被录取。10 月，两兄弟再次启程赴日留学，陈寅恪仍入弘文学院学习日语，陈隆恪入嘉应大学，后又转学到东京帝国大学财商系。1905 年，陈寅恪因患脚气病需易地疗养，遂回国休养，从此结束了留日生活。

陈寅恪留日主要的收获包括三个方面：其一，初步掌握了日语，陈寅恪一生很多的时间和精力用于语言的学习和研究。他通晓多种语言，而对日语的学习和掌握主要在留日期间。其二，加深了对日本国情和发展趋势的认识，与许多留日学生后来成为亲日派相反，陈寅恪对日本侵略中国的历史和现实有清楚的了解，对日本势力扩张及对中国侵略野心有所认识。陈寅恪当时和以后一直是坚决主张反日和抗日的人，如 1910 年，他在留学德国时得知日本强行占领朝鲜，对日本的侵略行径表示极大的义愤，在诗中写道："惊闻千载箕子地，十年两度遭屠剖。……兴亡今古郁孤怀，一放悲歌仰天吼。"此后，长期对日本侵略中国的行径表示担忧和愤恨，这与他对日本的了解和认识有密切关系。其三，对日本历史和文化发展有所了解，为他研究中日交流和相互借鉴奠定了基础，如研究隋唐史，隋唐时期中日交流频繁，日本许多制度和政策措施学习效法于中国。对中国隋唐史，日本学术界研究也相当深入，掌握了许多资料，日本东京帝国大学冈崎文夫教授关于唐代府兵制、均田制和租庸调制的研究就是如此。陈寅恪读后，曾给予较高评价，认为冈崎文夫的研究"不失为学人审慎之态度"。他以后研究隋唐史与他此时所读日本人研究成果与资料可以相互补充、辩证和参照，扩充了陈寅恪学术研究的资料范围。

留学欧洲及其收获

1905 年陈寅恪因患脚气病自日本回国疗养，经过一年多的治疗和休养，病情大有好转，遂于 1907 年春插班考入复旦公学（现复旦大学），主要学习西方语言，为他以后到欧美留学奠定了基础。1909 年毕业，在亲友的资助下赴德国留学，1910 年考入柏林大学，学习语言文字学。陈寅恪留学欧洲主要是学习西方古今语言文字学。柏林大学语言学和哲学两学科在欧洲久负盛名，这可能是陈寅恪选择柏林大学的重要原因。陈寅恪此次在柏林大学学习的时间不长，1911 年春，陈寅恪因脚气病复发，需要易地疗养，他去挪威疗养了二十多天，并在同年秋天转入苏黎世大学学习，在苏黎世大学主要学习经济学，曾认真研读马克思著的《资本论》德文版，应该说是攻读马克思原著经典较早的中国学者。

陈寅恪在欧洲留学的时候，国内爆发了辛亥革命，当时其父陈三立率全家居住南京，革命军攻破南京，全家迁居上海。陈寅恪在欧洲一方面挂念老父及家人，一方面因留学经费不足，决定暂时回国。1912 年春离开瑞士坐船回到上海，在上海家中休养。1913 年再度返欧洲留学，同年春考入法国巴黎高等政治学校社会经济部。此期间他系统学习西方政治经济学，初步掌握了社会政治与经济文化的相互作用、影响社会发展的理论。

陈寅恪在巴黎学习期间的另一收获则是通过王国维介绍结

识了 20 世纪欧洲著名的东方学家伯希和。1908 年伯希和为一睹敦煌文书真迹来到中国，在北京得以与王国维相识，王国维对伯希和的学术水平相当推许，赞不绝口，两人遂得相互论学往来。伯希和早年毕业于法国国立东方语言学校，是著名汉学家沙畹的高足。沙畹是学术界公认的 19 世纪末 20 世纪初世界上最有成就的中国学大师，被誉为国际汉学巨擘。沙畹毕业于法国高等师范学院，1893 年任法兰西学院教授，1903 年任法国学士院会员，欧洲东方学权威刊物《通报》主编之一。沙畹长期精研中国历史，译注了大量中国史籍，如《大唐西域求法高僧传》《西突厥史料》《西突厥史料补阙及考证》《后汉书·西域传》等。在敦煌学佛学研究领域造诣颇深，著有《大唐西域求法高僧传译注》等。1917 年曾到中国调查雕刻碑铭，著有《北中国访古志》《泰山志》。在《北中国访古志》第二部《佛像雕刻篇》中，收录了云冈、龙门、巩县石窟的图版解说。伯氏精通汉、藏、蒙、突厥等十四种语言，主攻方向是中亚研究，在其所写的汉学论文中有一半是关于西北史地的。他对于中亚地区的各种古代语文也有较深的研究，并借助这些语言工具，研究所见到的各种东方典籍和文物，在当时的东方学界有很高的声誉，并被"全世界治汉学者奉为祭酒"。1908 年 2 月，伯希和从敦煌莫高窟千佛洞里取走了六千余卷极其珍贵的 5 至 11 世纪的手抄卷子，以此为基础在法兰西学院获得了一个以讲授敦煌文献为主要内容的教授席位。陈寅恪少时即受家庭影响，对以沈增植为代表的晚清经世致用学派十分推崇。沈氏痛感边疆领土主权遭受列强威胁，便注重探究边疆史地，以开发边地，巩固国防。这种风气对陈寅恪也有所影响。但国人研究西北史地，由于欠缺必要的语言知识，对汉文文献以外的丰富材料一直不能很好地利用，从而极大地限制了这门学问的进一步发展。而西方学者的东方学研究正好可以在这方面弥补国内西北史地研究的缺失。与伯希和结识以后，陈寅恪第一次有机会大量接触到以敦煌文献为主的各种新发现的材料，学术眼界大为拓宽，而伯希和利用其广博语言知识处理各种新材料的本领，更是给陈寅恪留下了极其深刻的印象，引发了他探索西北史地之学的欲望。

1914 年秋天，第一次世界大战爆发，欧洲一片混乱，陈寅恪不得不匆匆回国。1915 年春，陈寅恪到北京担任新成立的经界局局长蔡锷的秘书，主要工作是翻译有关东西方图书资料，探究中国经界的源流。蔡锷，湖南人，早年受陈三立、梁启超赏识，破格进入湖南时务学堂学习。辛亥革命后，曾任云南省都督，1913 年底到北京中央政府任职。蔡锷反对袁世凯称帝，于 1915 年 11 月从北京秘密回到云南，领导了护国运动，陈寅恪也于 1915 年秋离职。袁世凯在国内一片强烈的反对声中死去。继任总统黎元洪任命陈三立旧友谭延闿为湖南省省长兼督军。谭延闿则请陈寅恪到省长公署任交涉科长。陈寅恪看不惯官场的尔虞我诈、阿谀奉承，很快就离开了，此后再也没有涉足官场和参与政治活动。

从 1915 年秋天开始，陈寅恪应江西省教育司（相当于后来的省教育厅）副司长符九铭的邀请为江西省连续阅留德学生试卷三年，并申请了江西省官费留学的名额，业余时间在家中侍奉父母和博览经史著作。陈封怀曾回忆陈寅恪当时的生活状况说："他送了我一册原文本的《莎士比亚集》，据说是他以前在英国读过的。里面每个剧本后面都写有他的评语（是用文言文写的），在那时，我们叔侄二人经常谈论欧洲各国的历史及文学（等）。他在欧洲，特别是对英、德、法语言文字有深入的理解。"陈寅恪自 1909 年留学德国，先后在德国柏林大学、瑞士苏黎世大学、法国巴黎高等政治学校（巴黎大学）学习，学习内容以语言学为主，包括政治经济学、历史学、文学等内容，为他进一步深造奠定了基础。回国的四年中，虽然受聘于几个机构，但都是临时性的，也不是陈寅恪志趣所在。陈寅恪的真正理想是再次找机会出国留学。1918 年这种理想得以实现。

留学哈佛大学

1918 年 7 月，陈寅恪获得江西省官费留学资助，决定再次出国留学，原设想重返德国柏林大学，因欧洲第一次世界大战硝烟未散，而当时表弟俞大维正在美国哈佛大学留学，他建议陈寅恪到美国留学，陈寅恪接受了建议，于 1918 年 11 月出发到美国。翌年年初，入哈佛大学，师从兰曼学习梵文和巴利文，兼修哲学与佛学。兰曼教授是美国耶鲁大学毕业的梵学博士，毕业后又到德国接受东方古文字学的进一步训练，是梵文和巴利文研究的专家，同时对佛教和印度哲学也有很深的造诣。在陈寅恪入哈佛大学以前，已有中国留学生俞大维和汤用彤等师事兰曼教授。

俞大维毕业于上海圣约翰大学，1918 年自费赴美国留学，入哈佛大学师从兰曼教授学习哲学，1921 年获哲学博士学位，并获得哈佛大学希尔顿旅行奖学金，到德国柏林大学留学，与陈寅恪差不多同时到德国。两人再次聚首，这就是俞大维所说两人七年同学的缘由。汤用彤（1893～1964），字锡予，1912年考入清华学堂，1916 年毕业留校任教。1917 年，赴美国哈姆莱顿大学留学，1918 年由于成绩优异被保举到哈佛大学，学习梵文、巴利文、佛学和印度哲学。1922 年获硕士学位，回国后先后任教于东南大学、南开大学和北京大学，学术研究侧重于佛教和中国哲学史。陈寅恪在哈佛大学留学期间，经俞大维介绍认识了吴宓。吴宓（1894～1978），字雨僧，陕西泾阳人，

1911 年考入清华学堂，1917 年赴美留学，先入弗吉尼亚州立大学学习文学，1918 年暑假转入哈佛大学文学院，师从著名新人文主义大师白璧德学习比较文学。白璧德对佛学亦有较深的研究，提倡的新人文主义主张保存人性的优点和文明的精神，并对中国儒学给予很高的评价。陈寅恪、汤用彤、吴宓等人都受其影响。由于三人在哈佛大学认真读书，取得了引人注目的成就，三人被誉为"哈佛三杰"，而陈寅恪则是三人中学术成就最突出者。

吴宓自结识陈寅恪后，十分佩服陈寅恪的学识和向学的精神。后来曾回忆说："始宓于民国八年，在美国哈佛大学，得识陈寅恪。当时即惊其博学，而服其卓识，驰书国内诸友，谓'合中西新旧各种学问而统论之，吾必以寅恪为全中国最博学之人'。今时阅十五六载，行历三洲，广交当世之士，吾仍坚持此言，且喜众之同于吾言。寅恪虽系吾友而实吾师。"

吴宓自认识陈寅恪后，经常往来，酬诗唱和，尤其是学问方面得到陈寅恪的指点和帮助，对陈寅恪的人格和学问均极佩服。他曾在当时的日记中记述，"陈君学问渊博，识力精到，远非侪辈所能及。而又性气和爽，志行高洁，深为倾倒。新得此友，殊自得也。"陈寅恪也把吴宓视为知音，他知道吴宓有过目成诵的本领和很高的文学鉴赏力，每有新作几乎都要拿给吴宓品评。陈寅恪与吴宓结识后，交往日多，直至暮年，保持了终生的情谊。

陈寅恪在美国哈佛大学留学三年，除与吴宓、汤用彤等有较多交往外，还认识了梅光迪、楼光来、张鑫海、顾泰来等人。但是陈寅恪是一心向学之人，主要的时间和精力用在求学方面，所交往的同学友人多是志趣相投者，一般则是泛泛之交。同在美国留学的冯友兰曾回忆说："我于 1920 年，到美国哥伦比亚大学毕业生院做研究生，同学中传言：哈佛大学的中国留学生中有一奇人陈寅恪，他性情孤僻，很少社交，所选功课大都是冷门。我心仪其人，但未之见。"说陈寅恪性情孤僻不完全符合事实，但陈寅恪慎重交友，不像有些留学生任意玩耍，混日月，但他很少社交却是事实。陈寅恪在留学期间，一直保持着勤学苦读的本色。

柏林大学深造

1921年秋天，欧洲第一次世界大战的硝烟散尽，各国开始医治战争创伤，恢复社会秩序，德国柏林大学逐步恢复。陈寅恪决定重返柏林大学留学，继续学习柏林大学久负盛名的语言文学比较考据学。9月，陈寅恪进入柏林大学东方语言研究所，受业于路德施教授，主要学习巴利文、梵文和印度佛教。路德施是著名的印度学教授，毕业于哥廷根大学，曾师从梵文大师霍恩，毕业后先后任教于罗斯托克大学、基尔大学，1909年后任柏林大学印度学教授，其研究方向集中于巴利文和梵文佛教文献，在国际东方学领域有一定影响。20世纪30年代，陈寅恪的学生季羡林留学德国哥廷根大学，其指导教授瓦尔德施密特就是路德施的学生。陈寅恪在柏林大学期间还曾选修柏林民俗博物馆馆长缪勒讲授的佛经文献阅读课程，缪勒与中亚考古学教授勒柯克齐名，是德国著名的东方学专家，不仅精通多种东方学文字，而且是佛学专家。在柏林大学期间，陈寅恪还选修过海尼斯和佛兰克两位教授的课，二人都是梵文和比较语言学的专家，海尼斯对蒙古史、元史颇有研究，也对中国古代文化史有很深造诣。陈寅恪在柏林大学的学习虽然仍属广蓄博取，但基本上已开始进入总结期，初步建立了自己的知识结构。与他同在德国留学的罗家伦后来曾回忆说："朋友中如陈寅恪虽自谦谓所治乃'咸同之间不古不今之学'，其实他从哲学、史学、文字学、佛经翻译，大致归宿到唐史与中央亚细亚研究。而其所通除近世重要文字外，还有希腊、拉丁……藏文等，供他参考运用的总计不下十六七种，他是由博到精最成功的一个人。"

陈寅恪此次在柏林大学留学的环境和氛围比较宽松和愉快，其中一个重要原因就是一大批中国青年精英先后到柏林大学留学，形成了相互学习、相互切磋的良好氛围。其中包括傅斯年、俞大维、罗家伦、何思源、毛子水、金岳霖、姚从吾、段锡鹏、周炳林、徐志摩等，成为一个颇为壮观的中国留学生群体。从其中几个主要人士的经历和学习交往可以看出他们在学业方面的相互促进，交相影响。

傅斯年（1896~1950），字孟真，出生于山东聊城的一个书香世家。其七世祖傅以渐是清代开国的第一科状元，顺治康熙年间官至武英殿大学士，兵部尚书。从此历代官宦不绝。傅斯年曾祖傅继勋曾任安徽布政使，清末重臣李鸿章、丁宝桢是其门生。傅斯年祖父傅淦是拔贡，父亲傅旭安是举人，曾任山东东平龙山书院山长。傅斯年从六岁开始入私塾读书，平时在家由祖父课读。据记载：傅斯年"凡所读书，悉能成诵，有神童之称，年十一，已毕十三经"。14 岁入天津府立中学堂，开始接受新式教育，1916 年考入北京大学国文门。

傅斯年与陈寅恪弟弟陈登恪在北京大学读书时同学，经陈登恪介绍，傅斯年认识了陈寅恪，由于两人都忙于在各地求学，开始交往不多。陈寅恪 1921 年由美赴德，入柏林大学研究院。傅斯年则于 1919 年北京大学毕业，考取山东官费留学生，入英国伦敦大学深造，1923 年秋由英赴德，入柏林大学研究院。据罗家伦回忆，傅斯年离英赴德，"一方面受柏林大学里当时两种学术空气的影响，一方面受在柏林的朋友们如陈寅恪、俞大维各位的影响。"傅斯年与陈寅恪在柏林大学研究院同学四年，学习内容侧重于社会科学，因此有共同语言，学习研究之余经常聚在一起切磋学问，探讨学术问题，因之关系日趋密切。在留学期间，傅斯年与陈寅恪在求学、治学方面有许多共同点。

在求学态度方面，两人都静心寡欲，专心致志地研究学问。这种求学态度的形成主要出于两种原因：一是出于高度的社会责任感，为救国而求知。他们出国留学时期，正是中国战乱频仍、列强环伺、政治极端黑暗的时代。他们都有学成后改造中国、拯救祖国人民出水火的远大抱负。正如时人所评论："民初中国知识分子……再想起远在万里以外的苦难的祖国，正遭逢国内外变局的摧残！由此而激起了一股豪气干云的情操。要'究天人之际'、要'通古今之变'、要'成一家之言'的呐喊声响彻云霄。当时，在欧陆时常往来的一批浮云游子，包括了傅斯年、陈寅恪、俞大维、罗家伦、毛子水、赵元任……这些人日后学成归来，大多数都成了中国现代史里具有举足轻重力量的'优异分子'。"事实也是如此。尽管这批人回国后受现实政治的影响走了不同的道路，但在留学期间都把求学报国作为自己的学习动力。二是两人都有较好的知识基础，对西方文化的先进部分有深刻的认识和积极吸收的愿望，他们努力用西方的科学文化充实自己，建构自己的知识体系，所以心无旁骛，一心扑在学习上。1924 年，赵元任夫妇从美国回国，路经德国，去看望傅斯年、陈寅恪等人。赵元任夫人杨步伟女士后来回忆傅、陈二人当时的求学态度与生活状况说："我们 1924 年 5 月离美……到了柏林，会见了一些旧识新知，最近的就是寅恪和孟真。那时在德国的学生们大多玩的乱的不得了，他们说只有孟真和寅恪两个人是'宁国府大门前的一对石狮子'。他们常常午饭见面，并且大家说好了各吃各的，因为大家都苦学生么。"的确，傅斯年、陈寅恪当时学习勤奋，生活清苦，有时不得不忍饥挨饿。陈寅恪的女儿曾回忆说："父亲在德国留学期间，官费停寄，经济来源断绝，父亲仍坚持学习，每天一早买少量最便宜面包，即去图书馆度过一天，常常整日没正式进餐。"傅斯年虽然官费，但父亲早逝，家道中落，生活也比较困难。他们二人都努力克服生活上的困难，专心探求学问。

在治学方法上，傅斯年与陈寅恪都贪多务得，细大不捐，尽量多涉猎一些学科，拓宽自己的知识面。罗家伦在论及他们几个人的治学方法时说："因为当时大家除了有很强的求知欲而外，还有想在学术里求创获的野心。不甘坐享现成，要想在浩瀚的学海之中另有会心，'成一家言'。这种主张里，不无天真幼稚的成分，可是其勇气雄心，亦不无可嘉之处。"傅斯年和陈寅恪都有深厚的国学基础，在留学期间刻苦攻读，兼收博采，认真吸收西方的科学知识和治学方法，使他们的学识有了长足的进步。可贵的是，这两位学术上的通人，没有丝毫文人相轻的陋习，相反终生互相佩服，互相尊重。1923 年，傅斯年的北京大学同学毛子水到德国留学，傅斯年给他介绍中国留学生状况时说："在柏林有两位中国留学生是我国最有希望的读书种子，一是陈寅恪，一是俞大维。"俞大维对傅斯年的学问也很佩服，曾私下对人说："搞文史的人当中出了个傅胖子，我们便永远没有出头之日了！"并因此由学文史改学了理工，成为著名的弹道专家。在此三人中，尤其是傅斯年和陈寅恪在留学期间的同甘共苦中建立了深厚的友谊，回国后又献身于教育和学术研究事业，终生相互帮助、相互支持，成为患难与共的挚友。

罗家伦（1897~1969），字志希，浙江绍兴人，1917 年入北京大学文科，主修外国文学，1920 年赴美留学，1922 年转赴欧洲，与陈寅恪、傅斯年等同在德国留学。他对陈寅恪苦学的精神和学习方法相当佩服，称赞陈寅恪是由博到精最成功的一个人。在谈到当时同学间的互相交流、切磋的情况时说："民国十二年至十四年之间，不期而然的，这些人大都集中在德国柏林。如赵元任、徐志摩、金岳霖诸位，也时来时去，有时候大家晚上闲谈的时候，各抒妙谛，趣语横生。回想起来，真是人间一种至乐，可是至乐已不可再得了！"的确如此，几个同学好友，学业上各有专攻，各有所长，经常在一起讨论问题，切磋学问，相互启发，互相吸收，不仅能学到许多知识，而且能刺激学习知识的兴趣和热情。

毛子水是傅斯年、罗家伦北京大学时的同学，1923年2月到德国柏林大学留学，罗家伦回忆说："毛子水本来是研究数学很好的，不幸他的中国学问比他的数学更好，于是他就以数学的精神应用到中国文字考据学上去。"毛子水学习专业的转换与陈寅恪、傅斯年的影响有关系，他曾回忆说："我于民国十二年二月到德国柏林，那年的夏天傅孟真也从英国来柏林，我见到他时他便告诉我：'在柏林有两位中国留学生是我国最有希望的读书种子：一是陈寅恪，一是俞大维。'后来我认识这两位，大概是由孟真介绍的。就我现在所记到的而言，当时在柏林朋友聚会谈论的快乐，可以说是我这一生中一件最值得回忆的事情。我虽然有习惯的懒性，不能自勤奋，但颇有从善服义的诚心，所以平日得益于这班直、谅、多闻的朋友不少。（赵元任夫妇游柏林时，寅恪也还在柏林。寅恪、元任、大维、孟真，都是我生平在学问上最心服的朋友，在国外能晤言一室，自是至乐！）我小时于学术门径的知识，多半是得自先君书架上一部《经解入门》中的，寅恪先生似不以为错。而我许多关于西方语学（Philology）的见解，则是从寅恪得来的。"

陈寅恪与俞大维、傅斯年、罗家伦、毛子水、何思源等一批青年留学生精英集聚柏林大学，虽然所学专业有所不同，但

他们能团结在一起，互相激励，积极努力，都怀着学习、吸收欧洲先进的科学技术和学术文化理念，将来有所成就，为祖国服务的思想。

生活条件恶劣和困难没有影响陈寅恪等人对知识和学术的追求。陈寅恪排除了生活的困苦全身心地投入学习之中，他在学习和掌握多种语言以后，逐步转向历史语言文字的比较考据学。他将掌握的多种语言作为工具，学习柏林大学久负盛名的历史语言比较考据学派的学术研究方法，以铺就自己学术研究的道路。

德国历史语言比较考据学起源于德国18世纪初期，维也纳大学史学研究法教授鲍瓦在20世纪20年代于《历史研究入门》一书曾对此下了两个标准："第一，最上乘，应当多识外国文，……除古代语言（拉丁文、希腊文）外，学历史的人，至少能随时互译现代几种通行世界的语言（如英文、法文、意大利文）和用这些语言写成的历史著作。第二，其次须通达研究范围内有关系的各种语言，能运用这些语言作史料研究的补助，以便解决与自己研究有关的问题。"倪不尔和洪堡得是德国历史语文考证学派的两位大师级人物。倪不尔的贡献，主要在于推进信史的建立。他主张把神话和不实的记载，排除于史著之外，使隐晦的真相重新建立起来。倪氏能运用多种语言进行历史研究，所撰《罗马史》等著作，颇具考证批评的风格。洪堡得对于德国历史语文考证学派基础的奠定有着不可磨灭的贡献。他提出了史学致知的两大步骤：首先，确定历史事实，发现事实之因果关系，且将这一关系从整个历史背景中去了解，然后进而追求史实背后的思想和意义。继洪堡得和倪不尔之后的兰克则是这一学派的集大成者。

兰克早年从事语言研究，后来志趣转向史学，创立了兰克学派，成为西欧"科学的史学"的开拓者。兰克标榜客观主义，主张写历史要客观公正，还历史以本来面目，力求不夹带个人任何政治偏见和宗教偏见。兰克研究历史，极重视史料。在兰克史学的治史方法中，寻求史料与考订史料是其全部史学的基石。兰克主张撰写历史论著必须掌握第一手资料，只有掌握充分而真实的史料才能写出可信的历史。因而，他笃信原始史料，主张用档案文献（主要是官方的档案文献）、活动者的记录、来往信件等来编写历史，尤其重视目击者的记录，并视这是"最高见证"。他不仅崇尚史料，而且十分强调对它们进行考证与辨析，并确立了"内部考证"与"外部考证"相结合的方法。

按兰克的理论，一切历史著作都是不可靠的，要明白历史真相，只有穷本溯源，研究原始资料，其核心是：史料高于一切，要把历史学变成史料学。兰克在他 1824 年的不朽名著《拉丁民族与日耳曼民族的历史》序言中说道："人们一向认为历史学的任务是判断过去并且为了将来的世代利益而教导现在，本著作不指望这样崇高的任务，它仅仅希望说明真正发生过的事情。"后世史学家把兰克的理论与他创造的学派称为"实证主义学派"。这个学派在 19 世纪、20 世纪早期风靡一时，几乎垄断了欧洲史学界。当陈寅恪、傅斯年等人来到柏林大学时，兰克学派依然具有很大影响力。陈寅恪、傅斯年等人最终选择了兰克学派的实证主义史学，并作为重点研习对象和安身立命之托，与当时欧洲的学术大气候自然有着密切关系。

陈寅恪受兰克影响，十分重视史料，重视考证、纠谬、校勘、补遗、互证，而且一丝不苟。正如杨步伟、赵元任先生所回忆的那样："寅恪总说你不把基本的材料弄清楚了，就急着要论微言大义，所得的结论还是不可靠的。"而"在史中求史识，在历史中寻求历史的教训"也正是陈寅恪治史的目的，以通识的眼光洞见过去，把对历史真相的认识提高到理性的阶段，使陈寅恪的历史研究达到了相当高的水平。

陈寅恪的生活环境尽管艰苦，但他丝毫没有改变爱书藏书的性格。1923年初，他从一家中国报纸上读到商务印书馆重印日本刻《大藏经》的消息，马上给国内的妹妹写信，在信中道出了购书的良苦用心和久在国外不归的原因。信中说：

> 我前见中国报纸告白，商务印书馆重印日本刻《大藏经》出售，其预约券价约四五百圆。他日恐不易得，即有，恐价亦更贵。不知何处能代我筹借一笔款，为购此书。因我现必需之书甚多，总价约万金。最要者即西藏文正续藏两部，及日本印中文正续大藏，其他零星字典及西洋类书百种而已。若不得之，则不能求学，我之久在外国，一半因外国图书馆藏有此项书籍，一归中国，非但不能再研究，并将初着手之学亦弃之矣。我现甚欲筹得一宗巨款购书，购就即归国。此款此时何能得，只可空想，岂不可怜。……西藏文藏经，多龙树马鸣著作而中国未译者。即已译者，亦可对勘异同。我今学藏文甚有兴趣，因藏文与中文，系同一系文字。如梵文之与希腊拉丁及英俄德法等之同属一系。以此之故，音韵训诂上，大有发明。因藏文数千年已用梵音字母拼写，其变迁源流，较中文为明显。如以西洋语言科学之法，为中藏文比较之学，则成效当较乾嘉诸老，更上一层。然此非我所注意也。我所注意者有二：一历史（唐史、西夏），西藏即吐蕃，藏文之关系不待言。一佛教，大乘经典，印度极少，新疆出土者亦零碎。及小乘律之类，与佛教史有关者多。中国所译，又颇难解。我偶取《金刚经》对勘一过，其注解自晋唐起至俞曲园止，其间数十百家，误解不知其数。我以为除印度、西

域、外国人外，中国人则晋朝、唐朝和尚能通梵文，当能得正确之解，其余多是望文生义，不足道也。隋智者大师天台宗之祖师，其解"悉檀"二字，错得可笑（见法华玄义）。好在台宗乃儒家《五经正义》二疏之体，说佛经，与禅宗之自成一派，与印度无关者相同，亦不要紧也。（禅宗自谓由迦叶传心，系据护法因缘传。现此书已证明为伪造。达磨之说我甚疑之。）旧藏文既一时不能得，中国大藏，吾颇不欲失此机会，惟无可如何耳。又蒙古满洲回文书，我皆欲得。可寄此函至北京，如北京有满蒙回藏文书价廉者，请大哥五哥代我收购，久后恐益难得矣。

从此信可以看出陈寅恪买书完全出于学术研究的需要，他要以中外各种文字为工具来研究历史。

陈寅恪在国外留学多年，始终踏踏实实研究学问，志在求得真才实学，被誉为中国"最有希望的读书种子"。此话绝非虚言，其用功之勤，学问之深，单从他在这一时期所做的读书笔记就可略见一斑。笔记本共达六十四本之多，其中包括藏文、蒙文、突厥文、回鹘文、吐火罗文、西夏文、满文、朝鲜文、中亚文、新疆文、佉卢文、梵文、巴利文等学习文字的笔记。

陈寅恪的学生季羡林教授断言："这些笔记本，虽然看起来数目已经很多了，但肯定还不是全部，一定还佚失了一些。"不过就从陈寅恪先生所保留下来的这部分笔记本中我们可以看出其治学范围之广、治学功夫之深。

陈寅恪在欧美留学多年，未曾猎取任何学位，完全是为了获得真知而读书。正如萧公权所说："我知道若干中国学者在欧美大学中研读多年，只求学问，不受学位。陈寅恪先生就是其中最特出的一位。真有学问的人绝不需要硕士、博士头衔去装点门面。不幸的是有些留学生过于重视学位而意图巧取。他们选择学校、院系、课程，以至论文题目，多务在避难就易。他们得着了学位，但所得的学问却打了折扣。更不幸的是另有一些人在国外混了几年，回国后自称曾经某大学授予某学位。他们凭着假学位做幌子，居然在国内教育界或其他事业中混迹。"

陈寅恪为学之勤，学识之富，在留德学生中屈指可数，然而他并不是一个"两耳不闻天下事，一心只读圣贤书"的人，对家国大事和当时情势等陈寅恪都很在意，也很乐于同人讨论。早在哈佛时，他就参加过"以促进国家自卫力之发展为宗旨"的中国国防会的活动。中国国防会是 1915 年在波士顿的中国留学生因反对袁世凯卖国政府而成立的爱国组织，以唤醒同胞、团结国人、共御外辱、救国图存为奋斗目标。1919 年 6 月 16 日，国防会会员在康桥聚会时，向来省吃俭用的陈寅恪和吴宓一道，慷慨宴请到会的诸位朋友。陈寅恪到柏林后，也时常同一些留学生聚会。这种聚会，除切磋学问外，也讨论国家大事。他对国家民族命运的关心，对是非善恶的明辨，令当时一同留学的朋友记忆犹新。李璜曾回忆，他留学德国时，常与陈寅恪、陈登恪兄弟在康德大道街头的咖啡馆中把酒清谈，陈寅恪常赞誉清末名臣曾国藩、左宗棠等人的学术和政绩，对于袁世凯媚外篡国的卑劣行径则深恶痛绝。还常常与大家探讨中国将来的政治、教育、民生等问题，如如何使民主适合中国国情现状，教育须从普遍征兵制来训练大众，民生应尽量开发边地与建设新工业等。这些言论和见解，表达了他的是非善恶观念，浸透了他深沉的爱国之情和为国家寻求富强之路的探索精神。

第3章

执教清华大学

"三无"学人导师

陈寅恪 1925 年接受了清华大学的聘请，担任新创办的国学研究院导师。他自己曾回忆说："1925 年回国前受清华大学研究院教授之聘。因父病请假一年，于 1926 年开始就职。"自 1926 年至 1937 年底，陈寅恪在清华大学十二年，前期（五年）任国学研究院导师。后期（七年）任中文系、历史系合聘教授。自 1930 年起兼任中央研究院评议员、历史语言研究所研究员兼历史组（第一组）主任。在北平的十二年是陈寅恪一生中的重要时期，生活相对安定，身体健康，心情愉快，读书研究环境相对舒适，教书育人条件安定祥和，因此，不仅有许多学术研究成果面世，初步奠定了他一生的学术地位，而且为国家培养了大批高层次国学研究人才。

清华大学的前身是 20 世纪初期用美国退还的庚子赔款创办的留美预备学校。1909 年 8 月，经清政府外务部和学务部共同奏请，内务部把北京西北部一座荒芜的皇家花园清华园作为留美预备学校的校址，初建时称清华学堂。辛亥革命后改称清华学校。清华学校建立之初的十几年，一直作为留美预备学校，招收的学生主要学习英语和欧美文化知识，为学生赴美留学奠定基础。

1918年2月，清华学校开始筹备升级为大学。1922年4月曹云祥出任校长，筹备改大学进入实际运作。1924年2月，聘请范源廉、胡适、张伯苓、张福运、丁文江五人为大学筹备顾问，清华"大学储备委员会"宣告成立。1925年4月，北洋政府外交部批准了大学储备委员会提交的纲领草案，随即成立了由曹云祥、张彭春、梅贻琦等十人为委员的"临时校务委员会"，负责将清华学校改组为新制大学部、旧制留美预备部和国学研究部三制并存的过渡形式的教学机构。1925年2月，国学研究院筹备委员会成立，聘请吴宓主持筹建国学研究院。

吴宓接受筹建清华研究院的任务后，1925年2月到校即积极进行各项筹备工作。根据校方的主张和个人的见解，他主持拟定了《研究院章程》。《章程》明确规定，研究院"以研究高深学术、造就专门人才为宗旨"，"拟按照经费及需要情形，逐渐添设各种科目。开办第一年，先设国学一科，其内容约为中国语言、历史、文学、哲学等。其目的专在养成以下两项人才：（一）以著述为毕生事业者，（二）各种学校之国学教师"。关于教师，《章程》规定，研究院"聘宏博精深、学有专长之学者数人，为专任教授，常川住院，任教授及指导之事"；"对于某种学科素有研究之学者"，聘为特别讲师。吴宓很清楚，选择好教师是办好研究院的关键，所以本着宁缺毋滥、"少而精"的原则，积极协助校长物色延聘国内著名学者、宏博精深的教授到校任教。确定了聘请教授的标准和条件后，曹云祥校长曾动员胡适到清华国学研究院任教并主持院务。胡适谦辞，并就如何办好研究院提出了建议和聘请人选。他首先建议办好研究院宜采用宋元书院的导师制，吸取外国大学研究生院学术论文的专题研究法来办研究院。至于聘请导师人选，胡适建议说："非一流学者，不能做研究院导师，我实在不敢当，你最好去请梁任公、王静安、章太炎三位大师，方能把研究院办好。"曹云祥接受了胡适的建议，先后请到了王国维和梁启超，但章太炎拒绝到清华研究院任教。

国学研究院于 1925 年正式招生。第一届招收了三十八名学生，只有梁启超、王国维两名导师显然不能承担全部课程。于是，时任清华教务长的张彭春及时向曹校长推荐与自己留美时的同期同学赵元任，曹云祥了解情况后欣然同意。

赵元任（1892~1982），江苏常州人。1910 年考取清华庚款留美，名列第二，同胡适、张彭春同期赴美留学。在美国留学期间，在康奈尔大学主修数理和音乐，1914 年毕业，获理学硕士学位。1915 年获哈佛大学奖学金，入哈佛大学攻读哲学学位。1918 年毕业，获哲学博士学位，并获哈佛谢尔登博士后旅行研究奖学金，继续从事博士后研究。1920 年回国，最初在清华教数学。同年冬，英国哲学家罗素访华，赵元任担任翻译。他常将罗素的讲稿译成不同的方言，正确而流利，因而引发他对语言学的兴趣，从此致力于此。1921 年秋赴美，到哈佛大学教中国语文，同时研究音韵和乐理。1924 年离开哈佛到欧洲旅行研究，在瑞典时与汉学家高本汉论学，并商谈翻译高氏名著——《中国语音学研究》。1925 年接受清华国学研究院聘请，主要讲授"语音学""苏州方言调查"等。赵元任夫人杨步伟，是清末民初佛学代表人士杨仁山的后人，娘家与陈寅恪家是世交，赵元任夫妇 1924 年到德国旅游访问，与陈寅恪、傅斯年、毛子水等人交往并成为好朋友。在清华国学研究院与陈寅恪同事期间，交往更加密切。1928 年，中央研究院语言研究所建立，傅斯年任所长，聘请赵元任任研究员兼语言组（第二组）主任。傅斯年、陈寅恪、赵元任三人保持了终生的友谊。

吴宓看到张彭春推荐赵元任获曹云祥准允，便积极推荐他最敬佩的、学问博大精深的陈寅恪，但是真正聘请到陈寅恪颇费了一些周折。首先是陈寅恪起初不愿立即就聘，吴宓日记曾叙说："陈寅恪复信来。（一）须多购书；（二）家务，不即就聘。"吴宓于是又写信去柏林动员陈寅恪应聘。据1925年6月25日《雨僧日记》："晨接陈寅恪函，就本校之聘，但明春到校。"同年8月14日《雨僧日记》："陈寅恪有函来，购书殊多且难。"从吴宓日记可以看出，陈寅恪受聘颇有一些周折，而周折的另一个原因是陈寅恪虽长期留学欧美，学问博大精深，在国内却是无名望、无著作、无学位的"三无"学人。据说曹云祥校长决心聘请陈寅恪，有赖于梁启超的极力推荐。陈哲三在《陈寅恪先生轶事及其著作》中这样记述："十五年春，梁先生推荐陈寅恪先生，曹说：'他是哪一国博士?'梁答：'他不是学士，也不是博士。'曹又问：'他有没有著作?'梁答：'也没有著作。'曹说：'既不是博士，也没有著作，这就难了！'梁先生生气了，说：'我梁某也没有博士学位，著作算是等身了，但总共还不如陈先生寥寥数百字有价值。好吧，你不请，就让他在国外吧！'接着梁先生提出了柏林大学、巴黎大学几位教授对陈寅恪先生的推誉。曹一听，既然外国人都推崇，就请。"于是，陈寅恪于1925年回国应聘，但是因父有病，请假一年，到杭州侍疾，1926年7月7日抵京，至8月25日开学前才到达清华园就任国学研究院导师。

　　陈寅恪进入清华园时，尚未婚娶，是四大导师中唯一单身的，起初安排在工字厅西厅，而赵元任一家住在南院一、二号，因为陈寅恪与赵元任夫妇是世交，关系甚深，陈寅恪到清华园不久，就搬到南院二号，与赵元任一家相邻。杨步伟曾回忆说："寅恪到后，他一个人不愿住工字厅单身的地方，愿有家而不做家，我们就把南院二号给了他一半，吃饭用人都有我们管，每饭后他和我总要聊一两个小时，住了很久。"赵元任夫妇与陈寅恪相处日久，开始为陈寅恪物色对象，帮助其成家。陈寅恪自少年起开始留学各国，一心向学，居无定所，完全没有结婚成家的打算。1925年回国后，尤其被聘为清华国学研究院导师，生活相对安定，家人和朋友都开始为其婚事操心，其父陈三立也一再催促其尽快建立家庭，最后竟动用父亲的权威命令陈寅恪，如果不尽快解决婚姻问题，他将代为聘定。陈寅恪同意考虑个人婚姻问题，其同学好友开始积极物色人选，杨步伟女士通过友人给陈寅恪介绍了唐篔女士。经过较长时间交往，陈寅恪和唐篔女士成就百年之好。

独为神州惜大儒

在清华国学研究院四位导师中，陈寅恪与王国维关系最为亲近，陈寅恪定格为"风义生平师友间"。其主要原因是两人学术研究领域相近，性格和学术理念有许多相同点，直接相处的时间虽短，但情谊相当深，两人经常在一起谈天论学。1927年6月，王国维投颐和园昆明湖自杀，在遗嘱中特别强调"书籍可托陈、吴二先生处理"，陈、吴是指陈寅恪和吴宓。由此可以看出王国维将陈寅恪视为知己，陈寅恪在王国维死后所作所为确实尽显了其重友谊、重道德的性情和重思想、重学术自由的学术理念。

王国维（1877~1927），字静安，初号礼堂，晚号观堂，浙江海宁人。近代学贯中西的学术大师，一生在哲学、文学、历史等学科领域有很高的造诣，尤其是后半生在中国古代史领域对甲骨文、敦煌文献、西北史地、蒙元史的研究得到学术界的高度评价。有些学者认为他是"以通人之资成就专家之业"，"六十年来，史界人士，无分中外新旧左右，凡读通《集林》

的，莫不交口称赞他的学精识绝，一致推崇他在殷周史研究上的空前突破"。

陈寅恪和王国维学术研究的领域和方法有许多相同点，如他们都受乾嘉学风的影响，受当时著名学者沈曾植的教益和影响。沈曾植是浙江嘉兴人，进士出身，历任刑部主事、安徽提学使等职，与陈三立关系密切，同是清末"同光体"诗派的代表人士。辛亥革命后以清朝遗老自居，长期生活在上海。沈曾植旧学功底深厚，也接受了许多清末新学知识，在音韵训诂、西北历史地理、佛学、道学等方面有独创性贡献，因与陈家交谊深厚，陈寅恪早年以后辈身份向其请教问题颇受教益。王国维是经罗振玉介绍认识沈曾植的。1915 年 4 月，罗振玉从日本回国，介绍王国维到上海沈曾植住处拜访，在此以前，两人对彼此学问已有所了解，所以见面后主要讨论音韵、古史等方面的学问，从此订交，以后交往渐密。沈曾植年长王国维二十七岁，王国维尊沈为前辈学者，沈视王为忘年交，在以后的岁月中，两人时相过从，诗文往返，关系颇为融洽。从 1919 年起，沈曾植主修《浙江通志》，王国维曾协助修纂，沈曾植对王国维参与十分高兴，曾说："《浙志》得公相助，且为湖山生色。"王国维研究音韵学，校订《水经注》，研究西北史地和蒙元史，或向沈曾植借阅藏书，或参酌其著述，有时也与沈讨论请教，受益良多。1922 年沈曾植病逝，王国维曾送挽联进行悼念，对沈曾植给予很高评价，"是大诗人，是大学人，更是大哲人，四照炯心光，岂谓微言绝今日；为家孝子，为国纯臣，为世界先觉，一哀感知己，要为天下哭先生。"陈寅恪回国后，在清华国学研究院前期学术研究领域也主要在佛学、西北史地和蒙元史方面，这样学术研究将三人更密切地联系在了一起。

王国维是学者，学术成就突出，学术理念先进，堪称一代国学大师。但在政治和思想意识方面却相当保守，尤其是到北平被溥仪小朝廷授予南书房行走，食五品俸，准允在紫禁城骑马等待遇后，对溥仪小朝廷更感知遇之恩，随侍左右，以示忠心。北京大学校长蔡元培为聘请王国维到北大任教授，曾三派"使者"，四发函件，但终为其拒绝，最后只答应做北京大学通信导师。清华国学研究院建立之初，胡适推荐王国维为导师，王国维因最后得到溥仪的"恩准"才答应下来。

1927年，国内政治形势巨变，国民革命军北伐，一路势如破竹，四月进军至湖南长沙。当时湖南著名士绅清王朝遗老叶德辉在农民运动中被杀。叶德辉被杀在当时全国学术文化界引起了震动，也深刻刺激了王国维。王国维产生同病相怜之感，再加上家事也不顺心，遂产生自杀的念头，于6月2日（农历五月三日）投昆明湖自杀。

王国维投湖自尽，引起了清华师生的巨大悲痛，陈寅恪与王国维私交情谊非比寻常。在王国维死的前一天，清华国学研究院举行第二届学生毕业典礼，会后又举行师生叙别宴会，宴毕王国维又随陈寅恪至南院陈住处畅谈至傍晚，不想此次谈论竟成诀别。第二天闻王国维自杀身亡，陈寅恪既震惊又哀痛，参与了王国维的丧事活动，入殓后，陈寅恪前去吊唁，行传统的叩拜礼表示自己的敬意和哀悼，又送上了哀痛凄绝的挽联："十七年家国久销魂，犹余剩水残山，留与累臣供一死；五千卷牙签新手触，待检玄文奇字，谬承遗命倍伤神。"陈寅恪为记述二人关系寄托哀思，表扬王国维学术成就和志节，又写了挽诗和挽词。其挽诗是一首律诗，诗中对王国维的学术成就与地位进行高度定位和评价，也肯定了王国维的死因是以身"殉清"："敢将私谊哭斯人，文化神州丧一身。越甲未应公独耻，湘累宁与俗同尘？吾侪所学关天意，并世相知妒道真。赢得大清干净水，年年呜咽说灵均。"

陈寅恪后又认真思考王国维的思想与行为，认为殉清说

"局于一时间一地域"，并没有了解其平生的志向，不足以彰显王国维的精神境界，于是改造前说，作出新的推断和进一步的发挥，认为王国维素以学术为性命，他的死旨在殉中华传统文化。陈寅恪在《王观堂先生挽词序》中阐释了王国维的死因："凡一种文化值衰落之时，为此文化所化之人，必感苦痛；其表现此文化之程量愈宏，则其所受之苦痛亦愈甚；迨既达极深之度，殆非出于自杀无以求一己之心安而义尽也。……盖今日之赤县神州值数千年未有之巨劫奇变；劫尽变穷，则此文化精神所凝聚之人，安得不与之共命而同尽？此观堂先生所以不得不死，遂为天下后世所极哀而深惜者也。至于流俗恩怨荣辱委琐龌龊之说，皆不足置辩，故亦不之及云。"陈寅恪在挽词中回忆了两人的交往、情谊，表达了对王国维人格的敬仰与学术成就的肯定。挽词说"回思寒夜话明昌，相对南冠泣数行"，指的就是这段友谊，在叙述对王国维的敬仰之情时说：

鲁连黄鹞绩溪胡，独为神州惜大儒。

学院遂闻传绝业，园林差喜适幽居。

1925 年清华创办国学研究院时，胡适（安徽绩溪人）推荐王国维主持其事。陈寅恪称王国维为"神州大儒"，称他的学问为"绝业"。胡适推荐王国维，自然使清华研究院的"绝业"得以继承和发扬。最后道出对王国维去世的悲痛："风义平生师友间，招魂哀愤满人寰；他年清史求忠迹，一吊前朝万寿山。"陈寅恪对王国维的挽联、挽词及序是自己真情的流露，词真情切，在众多悼念王国维诗文中为最佳之作，与王国维相交三十年的罗振玉看了陈寅恪的挽诗及挽词评价说："辞理并茂，为哀挽诸作之冠"，并说："静安（王国维）以后学术所寄，端在吾公（指陈寅恪）矣。"罗振玉把王国维死后中国学术发展的希望寄托在陈寅恪身上，这不是有意恭维陈寅恪，而是他对陈寅恪、王国维的学术成就和发展前景的认识。

1929 年 6 月，王国维去世两周年之际，清华国学研究院师生募款修造了王国维纪念碑，恳请陈寅恪撰写碑铭，陈寅恪慨然受命，撰写了《清华大学王观堂先生纪念碑铭》，其铭词说：

　　海宁王先生自沉后二年，清华研究院同人咸怀思不能自已。其弟子受先生之陶冶煦育者有年，尤思有以永其念。金日，宜铭之贞珉，以昭示于无竟。因以刻石之词命寅恪，数辞不获已，谨举先生之志事，以普告天下后世。其词曰：士之读书治学，盖将以脱心志于俗谛之桎梏，真理因得以发扬。思想而不自由，毋宁死耳。斯古今仁圣所同殉之精义，夫岂庸鄙之敢望。先生以一死见其独立自由之意志，非所论于一人之恩怨，一姓之兴亡。呜呼！树兹石于讲舍，系哀思而不忘。表哲人之奇节，诉真宰之茫茫。来世不可知者也，先生之著述，或有时而不章。先生之学说，或有时而可商。惟此独立之精神，自由之思想，历千万祀，与天壤而同久，共三光而永光。

在碑文中，陈寅恪三次提到学者对独立精神、自由思想之追求，这已经不仅是在悼念王国维先生一人，而是在抽象出近代学者的一种新的人格理想，即"独立之精神、自由之思想"，这也恰是陈寅恪自己对学术界影响最为深刻的一种精神力量。

对于王国维在学术领域的开创性和划时代贡献，陈寅恪在1934 年的《王静安先生遗书序》中给予了高度而准确的评价："自昔大师巨子，其关系于民族盛衰学术兴废者，不仅在能承续先哲将坠之业，为其托命之人，而尤在能开拓学术之区宇，补前修所未逮。故其著作可以转移一时之风气，而示来者以轨则也。先生之学博矣、精矣，几若无涯岸之可望，辙迹之可寻。"

陈寅恪对王国维的学术研究的方法也给予了认真总结和评

价，概括为三条：一是用地下新发现的文物材料与纸上流传后世的文字材料相互比较，互为释证；二是用少数民族的遗留材料与汉族史籍相互补正；三是用西方的理论来阐释中国古代的典籍。陈寅恪当时断言中国将来的文史研究尽管会在范围和方法上有所发展，但是大体格局不会远出王国维所开创的路数。从以后七十年的学术发展史看，陈寅恪的总结和概括相当准确。

参与学校事务

陈寅恪 1925 年 6 月应清华国学研究院之聘，1926 年 7 月正式报到。在此期间，清华大学发生了两件事，一是 1926 年 3 月吴宓辞去研究院主任之职，就任外国语言文学系教授。原因是吴宓对清华国学研究院的发展方向与清华教务长张仲书等意见不合。其职由校长曹云祥兼理一个月，后由梅贻琦兼管研究院事务。二是发生了曹云祥辞职引起的风波，时间从 1925 年 10 月 4 日开始，截至 1926 年四五月间曹因赴欧不成继续留任。

1926 年 7 月 7 日，陈寅恪与吴宓会面。两人自哈佛分手后，这是第一次见面，握手言欢，非常之兴奋，吴宓曾赋诗一首，赠陈寅恪。

> 经年瀛海盼音尘，握手忧思异国春。
> 独步美君成绝学，低头愧我逐庸人。
> 冲天逸鹤依云表，堕涧残英怨水滨。
> 灿灿池荷开正好，名园合与寄吟身。

这首诗表达了吴宓对陈寅恪的仰慕之情，祝愿他在清华大学事业有成。"低头愧我逐庸人"表露了吴宓当时在清华工作中遭受的挫折。正如前述，这段时间吴宓被迫辞去研究院主任之职，并与研究院学生"交恶"，这诸多情形吴宓从下午 5 时到晚上10时悉数告知好友。故友重逢，陈寅恪当然高兴，吴宓告知的清华情形也使他对清华大学有了初步了解。陈寅恪初入清华，分外陌生，其人际交往大多是吴宓介绍，《吴宓日记》中显示了陈寅恪初到时的交往情况：

> 七月八日，星期四。十时半，至新宾旅馆与陈寅恪合乘汽车回校。抵校，进午餐。陈君即住西客厅。下午，陪导陈君至研究院游观，又至赵元任宅中叙谈。四时，同谒校长于其宅中，进冰点。六点半，陪导陈君访梅贻琦，未遇。至赵元任宅中晚餐，并进瓜果。晚九时，陪导陈君访王国维先生。

> 七月九日，星期五。王国维先生，又李济、刘崇铉、杨绍曾来访陈君。

> 七月十二日，星期一，阴雨。上午陪导陈寅恪参观图书馆，是日在钱、叶君宅中用西餐。每日三餐，一元二角。夕，大雨。晚，复往。校长来，钱、叶等与谈校中事，多所主张。

陈寅恪至清华初与吴宓同住，其间因病到南方家中调养。其后一段时间与赵元任家为邻。赵元任夫妇在生活上对单身的陈寅恪非常照顾。陈在结婚前，一直在赵家吃饭。在这期间，经吴宓介绍，陈寅恪与曹云祥、梅贻琦、庄泽宣、钱端生、王文显、叶企孙、陈达、王国维、李济、赵元任、唐钺、浦江清、刘崇铉、杨绍曾等交往。这个交际网，可以分为两类：一类是研究院同事及学人，主要是王国维、李济、赵元任、梁启超、刘崇铉、陈垣等，这是陈寅恪的主要学术交流圈；一类是纯粹人脉交往圈，主要包括曹云祥、梅贻琦、庄泽宣、钱端生、王文显、叶企孙、陈达等，庄泽宣以下为清华毕业生，具有留学背景，为清华少壮派，陈寅恪对清华的认同大多与之有关系。当然这个分类并不是壁垒分明，譬如，随着与梅贻琦的超掌校，"他日可望设编译部，以宓总其事云"。吴宓则"持报悲观，恐梁来而党徒遍布，趋奉者成群。而我辈之有一定宗旨及身份者，仍不能受知于当局耳"。两人的看法有差异，陈寅恪更看重的是梁启超的学术能力，编译部的设立可以加强中西学术的交流，同时显露了其担心落后于世界学术的隐忧，另外，陈寅恪支持梁启超，也不排除含有研究院利益认同因素，当时风传要取消研究院，这是他不愿看到的。

朱君毅东窗事发后，于11月8日托吴宓"向陈寅恪疏解，免学生攻之急"。当天，吴宓与陈相见后，代为朱君毅求情，"但寅恪怒甚（是日曾向曹发怒一次），谓非朱或曹去职离校不可"。调解不成，双方矛盾加剧。11月9日下午5时，曹云祥在其宅中开会，"朱君毅与王省在。又评议会及教授十一二人。王省述写信之经过。朱当众再三询问，王省均力言朱未尝唆使彼写信。原信纯出彼之手笔，拟引咎退学云云。6时，研究院学生戴家祥到会。以尖刻锐利之词驳诘王省"。陈寅恪等认为王省在说谎，企图为朱开脱，当日即召王省到其宅中了解真实情况，晚上"（吴宓）访陈寅恪，而王省适在。戴家祥旋亦至。王省对陈、戴又自承适间会中所言非真，谓朱曾诱彼写信，并曾改信中文字。惟今午遇朱校外，立谈于野。朱自言即将身败名裂，失职去位，要王省自承其事，以免朱受祸。故王省自愿担当一切，以脱朱于罪"云云。陈寅恪、戴家祥对王省的说谎行为大加痛责，"谓如曹某、朱某，应尽揭其隐，不必为之讳云云"。至此，陈寅恪等对此事之情况已非常清楚，并已有重要之证据。

11月10日下午，召开教授会。研究院学生戴家祥散发其所撰写昨夕校长宅中会谈记录。王省又致函教授会，言"前者所作之函，非出本心，乃由朱君毅所指使。又昨日在校长宅中为朱洗刷之言，亦本于朱之所要求"云云。可谓证据确凿。在的党化潮流，学校已不再是一方净土，他不希望自己的学术研究成为国民党"党治"的工具。

北伐成功后，全国"统一"，国民政府任命罗家伦为清华大学校长。罗家伦到任后采取了一些改革措施，基本保证了学术研究自由。陈寅恪和吴宓因此没有离开清华"隐居"，而是继续留京。由此可见，党化教育并没有他们所想象的那么"恐怖"，更多的是一种想象，陈寅恪还是"享有足够的余裕与宽松，本着独立之精神与自由之意志来从事学术研究"。直至1948年离开清华大学。

校长风波

1927年夏，南方革命势力进入华北，京畿震动，清华校园出现校长风波。这次风波的中心是梁启超和曹云祥的对抗。起因于梁任公被北洋政府外交部聘为庚款董事会董事，校长曹云祥担心梁启超取代自己为校长（章程规定，校长在董事中选任），极力反对梁。关于曹云祥与梁启超的矛盾，部分可能出于曹的猜忌，部分可能出于误会。梁启超在《给孩子们书》中写道："外交部有改组董事会之举，当部里征求我同意时，我原以不任校长为条件才应允（虽然王荫泰对我的条件没有明白答复认可），不料曹云祥怕我抢他的位子。"由此可见，曹云祥因不知详情而误解了梁，竟至运动教育系教授朱君毅唆使其研究生王省上书诬告梁启超旷职，请求易人，又将此函油印后寄给梁启超，讽其自动辞职。此时的陈寅恪积极支持梁启超，行为比较活跃。其原因有二：一是此时的研究院四大导师只剩陈寅恪，王国维已去世，梁启超仍在天津，赵元任于10月中下旬赴江浙一带考察方言。陈寅恪自然成为研究院主事之人。二是陈寅恪认为"梁任公来掌校，远胜于曹"。而且他还认为梁启超掌校，"他日可望设编译部，以宓总其事云"。吴宓则"持报悲观，恐梁来而党徒遍布，趋奉者成群。而我辈之有一定宗旨及身份者，仍不能受知于当局耳"。两人的看法有差异，陈寅恪更看重的是梁启超的学术能力，编译部的设立可以加强中西学术的交流，同时显露了其担心落后于世界学术的隐忧，另外，陈寅恪支持梁启超，也不排除含有研究院利益认同因素，当时风传要取消研究院，这是他不愿看到的。

朱君毅东窗事发后，于11月8日托吴宓"向陈寅恪疏解，免学生攻之急"。当天，吴宓与陈相见后，代为朱君毅求情，"但寅恪怒甚（是日曾向曹发怒一次），谓非朱或曹去职离校不可"。调解不成，双方矛盾加剧。11月9日下午5时，曹云祥在其宅中开会，"朱君毅与王省在。又评议会及教授十一二人。王省述写信之经过。朱当众再三询问，王省均力言朱未尝唆使彼写信。原信纯出彼之手笔，拟引咎退学云云。6时，研究院学生戴家祥到会。以尖刻锐利之词驳诘王省"。陈寅恪等认为王省在说谎，企图为朱开脱，当日即召王省到其宅中了解真实情况，晚上"（吴宓）访陈寅恪，而王省适在。戴家祥旋亦至。王省对陈、戴又自承适间会中所言非真，谓朱曾诱彼写信，并曾改信中文字。惟今午遇朱校外，立谈于野。朱自言即将身败名裂，失职去位，要王省自承其事，以免朱受祸。故王省自愿担当一切，以脱朱于罪"云云。陈寅恪、戴家祥对王省的说谎行为大加痛责，"谓如曹某、朱某，应尽揭其隐，不必为之讳云云"。至此，陈寅恪等对此事之情况已非常清楚，并已有重要之证据。

11月10日下午，召开教授会。研究院学生戴家祥散发其所撰写昨夕校长宅中会谈记录。王省又致函教授会，言"前者所作之函，非出本心，乃由朱君毅所指使。又昨日在校长宅中为朱洗刷之言，亦本于朱之所要求"云云。可谓证据确凿。在的党化潮流，学校已不再是一方净土，他不希望自己的学术研究成为国民党"党治"的工具。

北伐成功后，全国"统一"，国民政府任命罗家伦为清华大学校长。罗家伦到任后采取了一些改革措施，基本保证了学术研究自由。陈寅恪和吴宓因此没有离开清华"隐居"，而是继续留京。由此可见，党化教育并没有他们所想象的那么"恐怖"，更多的是一种想象，陈寅恪还是"享有足够的余裕与宽松，本着独立之精神与自由之意志来从事学术研究"。直至1948年离开清华大学。

校长风波

1927年夏，南方革命势力进入华北，京畿震动，清华校园出现校长风波。这次风波的中心是梁启超和曹云祥的对抗。起因于梁任公被北洋政府外交部聘为庚款董事会董事，校长曹云祥担心梁启超取代自己为校长（章程规定，校长在董事中选任），极力反对梁。关于曹云祥与梁启超的矛盾，部分可能出于曹的猜忌，部分可能出于误会。梁启超在《给孩子们书》中写道："外交部有改组董事会之举，当部里征求我同意时，我原以不任校长为条件才应允（虽然王荫泰对我的条件没有明白答复认可），不料曹云祥怕我抢他的位子。"由此可见，曹云祥因不知详情而误解了梁，竟至运动教育系教授朱君毅唆使其研究生王省上书诬告梁启超旷职，请求易人，又将此函油印后寄给梁启超，讽其自动辞职。此时的陈寅恪积极支持梁启超，行为比较活跃。其原因有二：一是此时的研究院四大导师只剩陈寅恪，王国维已去世，梁启超仍在天津，赵元任于10月中下旬赴江浙一带考察方言。陈寅恪自然成为研究院主事之人。二是陈寅恪认为"梁任公来掌校，远胜于曹"。而且他还认为梁启

"直系"等带有地域性的军阀名称而言，"党军"更多强调的是"党"，"党"无分地域，显然适应了时人"统一"的思绪趋向。陈寅恪亦"力劝宓勿任学校教员。隐居读书，以作文售稿自活，肆力于学，谢绝人事，专心致志若干年。不以应酬及杂务扰其心，乱其思，费其时，则进益必多而功效殊大云"。党化教育不仅威胁到教育界知识分子学术研究的自由氛围，同样使秉持这种自由信念的学人不得不放弃学校这个安身立命之所，这种"职业"与"学术"之间的矛盾使这一群体逐渐边缘化。

关于"职业"和"学术"之间的关系，陈寅恪与吴宓在讨论历史问题时曾进行过探讨，陈寅恪曾以诸葛亮"出世"前后的行为为例进行品评。他认为"出世"前的诸葛武侯"隐居隆中，啸歌自适，决无用世之志，苟全性命于乱世，不求闻达于诸侯"，这种为学态度是值得赞扬的；但是，对于"出世"后的诸葛亮则大加鞭笞，说他"若今之插标卖首，盛服自眩。'Advertisement'，事攘权位，本自无才，图以债事。甚且假爱国利群、急公好义之美名，以行贪图倾轧之实，而遂功名利禄之私"。陈寅恪反对的不是诸葛亮经邦治国，而是其以"出世"为治学之目的。陈寅恪进而把这一思虑植诸留学生问题，"吾留学生中，十之八九，在此所学，盖惟欺世盗名，纵欲攫财之本领而已"。作为留学生的陈寅恪，自外于留学生群体并对其进行整体性的批评，这种疏离感使其卓尔不群，"我侪虽事学问，而绝不可倚学问以谋生，道德尤不济饥寒。要当学问道德以外，另求谋生之地。经商最妙。Honest means of Living。若做官以及做教员等，决不能用我所学，只能随人敷衍，自侪于高等流氓，误己误人，问心不安"。陈寅恪把"学问""道德"和"谋生"截然分开，绝不可以把"谋生"作为"学问"的目的，显然其治学是为学问而学问。正因为如此，面对教育界交往逐渐增多，个人感情亦加深。

1926 年 9 月，新学年（1926 年 9 月到 1927 年 6 月）开始，陈寅恪正式在国学研究院上课。这一学年是陈寅恪逐渐适应清华研究院的研究和教学的时期，但此适应过程并不令陈满意。这一年，据赵元任回忆，"四个研究教授当中除了梁任公注意政治方面一点，其他王静安、寅恪和我都喜欢搞音韵训诂之类问题"，但是陈寅恪并没有写作文章。这一学年其所开设的指导科目，无人报考，即使普通演讲，学生领会也颇难，这些都反映了陈寅恪的思想学术研究还没有为学生所接受，因此，陈寅恪为此感到苦恼。所以，陈氏在这学年情绪比较消极，这种情绪充分表露在他的《春日独游玉泉静明园》诗中："犹记红墙出柳根，十年重到亦无存。园林故国春芜早，景物空山夕照昏。回首平生终负气，此身未死已销魂。人间不会孤游意，归去含凄自闭门。"陈寅恪由这半年的无所作为联想到"平生"，最后忍受寂寞，闭门读书从事研究。

抵制国民党党化教育

1927 年 3 月，清华园谣传着国民政府要解散清华，校园内"人心颇皇皇"，人们担心"政局改变，党军得京师，清华解散"。尤其是蒋介石发动的清剿共产党人的"四一二"政变后，广东、江苏、浙江等地相继发生的大屠杀，奉系军阀在北京的残暴统治，也极令人忧郁愤慨。"时局，已成为人们的主要话题。"吴宓在 1927 年 4 月 3 日的日记中写道："近顷人心颇皇皇，宓决拟于政局改变、党军得京师、清华解散之后，宓不再为教员，亦不从事他业。而但隐居京城，以作文售稿为活，中英文并行。"1926 年 6 月国民党军队已改称国民革命军，但是北伐过程中无论南北仍以"党军"称之。相对于当时"奉系"

035

王省函书未到前，陈寅恪慷慨陈词，"言阴谋既破，今要求校长及朱君毅速即辞职"云云。吴宓在会上发言，说"王省一再反复，其言殊难为据"，会议最终无结果而散。陆懋德等教授担心，两方之争持，必将"两败俱伤"，"曹既去职，梁亦不得长校"，当局必委奉派之人为校长。而教育部且谋收管清华学校，故"前途殊于本校及诸教职员不利"云云。

梁启超本想辞去教授和董事的职位，只因"顺学生公意"才未主动辞职，"但仍郑重声明以不任校长为条件"。梁又不同意出任校长，于是，陈寅恪与吴宓商量举荐梅贻琦以教务长暂代理校长，"以求迅速解决，藉免觊觎而安校内之人心"。陈寅恪并"函梁任公转荐于外交总长王荫泰。如梁尚犹豫，则拟使宓赴津而谒梁劝说云云"。

清华校内权力之争斗如此激烈，并没有选出自己的校长。曹云祥于1928年1月14日辞职，但不是完全因为清华内教授的排挤，而是时局所迫，这时张作霖已在北京成立大元帅府，组织奉天内阁，曹云祥"明知不能久位，才决定辞去的"。奉系张作霖派温应星为新任清华大学校长。

在清华研究院四大导师三人不在的情况下，陈寅恪与清华师生为谋取研究院的利益，揭露曹云祥、朱君毅的欺骗行为，积极支持梁启超，希望其掌校，能够为清华创造浓厚的学术氛围。在此过程中，陈寅恪积极活动，寻求证据，利用教授会和评议会来实现自己的目的，他走的程序反映了清华"教授治校"的民主制度生命力。但同时，教授会和评议会也是权力斗争的舞台，各学部等单位的本位利益使民主治校充满了权力之竞争，陈寅恪亦不例外，在此风波中激情甚高。吴宓描述："寅恪但以摧恶助贤自豪，而意气感情，实嫌纵恣，非其平日冷静之态"，"成为发纵指示之中心人物"。

曹云祥于1928年1月辞职，到9月罗家伦上任，八个月内，五易其人。更迭之频繁，实为清华大学校史之少见。在同年的 8 月，陈寅恪与唐筼在上海结婚，时年 39 岁。

1928 年 9 月 16 日，罗家伦才开始在清华组织自己的班子。他从燕京大学延揽北大同学冯友兰和杨振声二人，二人都是罗家伦留美时的好友。杨振声担任教务长，冯友兰担任秘书长，郭廷以担任校长室主任秘书兼文书科长。陈寅恪却很平静，他此时专心学术，无心杂务。

1931 年 9 月 21 日，教育部任命无党派背景的梅贻琦为清华校长，从此清华大学"不再是个政治皮球，步上了正规"。梅贻琦成功的一个主要原因就在于他秉持自由教育的理念，符合清华师生的愿望。

陈寅恪进入清华的初期，正是清华学校向清华大学转制时期，在此期间清华教授治校民主制度刚刚确立。陈寅恪与清华少壮派尤其是吴宓、叶企孙等人团结合作。作为国学研究院的四大导师之一，时刻维护研究院的本位利益，尤其在研究院出现风潮时，他和研究院师生利用教授治校制度揭露校长舞弊行为，其激烈行为甚为罕见。在清华校长风波中，他处乱不惊，又充分体现其理性的气质。在维护清华民主制度过程中，陈寅恪所有言行都试图为学术研究创造一个优良的环境。纵观陈寅恪的言行，其教育观念主要是：重视学校基金，将之视为学术独立之重要经济基础；高校学术化，尤其是校长任命要以学术为重要评价标准；反对党化教育，极力支持"教授治校"之民主制度。

第 4 章

元和新脚终成军

历史语言研究所建立

陈寅恪 1926 年 7 月至北京任清华国学研究院导师，他的同学好友傅斯年则于同年 9 月自德国回国。傅斯年在北京大学学习六年，与北京大学很有感情，回国前曾有意到北京大学任教。北京大学代理校长蒋梦麟也很看好傅斯年。但在动荡不安的年代里，事情变化常出人意料。就在傅斯年回国前夕，北洋政府发生变乱，奉系军阀主政北京，镇压学生运动，在制造"三一八"惨案后，又决议对北京大学进行扫除，北京大学陷于"散权"的动乱之中，傅斯年去北京大学工作的计划化为泡影。然而"失之东隅、收之桑榆"，就在傅斯年回国后不知归向、为自己前途命运担忧的时候（10 月 30 日傅斯年行至香港，下船在香港某旅馆暂住），一封广州中山大学的聘书送到傅斯年下榻的旅馆，聘傅斯年为中山大学教授。报到后不久又被任命为文史科主任兼国文、历史两系主任。

中山大学原名广东大学，是孙中山先生于 1924 年亲手创建的，与黄埔军校合称文武两校。黄埔军校主要是培养军队干部，而广东大学主要是培养文职干部。1925 年孙中山逝世后，国民党内部陷入混乱。1926 年中山舰事件后，国民党右派逐渐得势，7 月将广东大学改名为中山大学。10 月，国民党政府发布命令称："中山大学为中央最高学府，……政府决意振兴，已明令该中山大学为委员制，期集一时之望，为根本之改造。"其领导机构由原来校长制改为委员会制，任命戴季陶为委员长，顾孟余为副委员长，徐谦、丁惟汾、朱家骅为委员。由于戴季陶、顾孟余、徐谦、丁惟汾在国民政府中另有职务，多数情况下由朱家骅主持工作，傅斯年就是在这种情况下受聘到中山大学任教的。

傅斯年到中山大学后，一方面协助朱家骅进行整顿和改造，一方面搜集购买文史方面的图书资料，聘请有名的教授，从事文史学科的教学和研究。1927 年初，中山大学经过整顿和改造，出现了新气象。就全国形势来看，广州国民党右派势力虽逐步得势，但广州仍然是全国革命的大本营，北洋政府盘踞地北京与之相比，简直不可同日而语。中山大学对生活在北方具有进步倾向的学术人士有相当大的吸引力。在朱家骅、傅斯年等人的积极罗致下，学术人士开始向中山大学集聚。鲁迅、何思源、施存统、容肇祖、丁山、罗常培、杨振声、顾颉刚等人先后到校任教。傅斯年还准备聘请一些外国教授到中山大学任教。

陈寅恪对傅斯年在中山大学的行为给予密切关注，对傅斯年积极聘请教师和购买书籍资料不仅关注，而且积极参与，并通过信函提出自己的意见和建议。1927 年，陈寅恪写信给傅斯年，要求为之办两件事：一是要傅斯年筹款买《经论藏》孤本；二是要求傅斯年给自己学梵文的老师钢和泰一些经济上的帮助，设法把钢和泰留在中国。钢和泰是外籍教授，精通梵文，是当时世界上稀有的人才。陈寅恪的女儿曾回忆说："父亲从不满足自己掌握的治学工具，每逢星期六上午，不分寒暑都进城到东交民巷找一位叫钢和泰的外籍教师，学习梵文。"后来钢和泰由于经济困难，想离开中国去日本，陈寅恪想留下钢和泰，但在经济上无能为力，便只好向傅斯年求助。为满足陈寅恪的要求，傅斯年立即写信给胡适，让胡适帮助办理。他在信中说："陈寅恪来信劝我们买商务的《经论藏》，因为这部已成孤本，参考上有用处。祈先生务必为中国留得此书。我们付钱，大家公用。我们绝不自私，只盼望中国更留多一版本，以供后学者。陈又云，钢和泰将赴东京，希望我校寄彼千元，留其在京。但此恐非根本解决之策。何如使来广州，他可以带助手带学生。我们可让他任意买书，薪水亦决不低，盼先生劝之。"这两件事结果如何，不能详知，但钢和泰留在了中国，直到 1937 年病死。从傅斯年给胡适的信中可以看出，傅斯年为陈寅恪办事，确实是真心诚意、尽心尽力的。

在此期间，陈寅恪曾写诗寄赠傅斯年，对其行为给予称许和肯定。其诗曰：

> 不伤春去不论文，北海南溟对夕曛。
> 正始遗音真绝响，元和新脚未成军。
> 今生事业余田舍，天下英雄独使君。
> 解识玉珰缄札意，梅花亭畔吊朝云。

文中所谓"北海南溟"，当指陈寅恪视傅为可以共同唱和呼应的知己。"正始遗音"，则指此前投昆明湖自尽的王国维。"元和新脚"可解释为包括陈氏自己在内的青壮年学者。"天下英雄"一句，后人对此理解有差异。有人认为此句应看作陈氏"立场与傅有别"。也有人认为此句与前说之理正好相反，陈与傅的立场不但未"有别"，且互为欣赏。诗中"未成军"者，不一定就指傅斯年正在筹备的中央研究院历史语言研究所，应涵盖更广博的深意。实际如果把此诗的背景弄清楚了，对这两句的含义就容易理解了。1927 年 7 月，傅斯年刚到中山大学半年，南方政治风云变幻，中山大学正在整顿，内部暗潮涌动。傅斯年虽然雄心勃勃，决心要在文史领域和教育方面有所作为。为此他积极招兵买马，罗致人才，派顾颉刚等人到上海各地购买图书资料，但这些工作都刚刚开始。陈寅恪在清华园也几乎处于孤军奋战的状态，王国维 1927 年 6 月投湖自尽，梁启超因病重返天津疗养。赵元任、李济经常出差在外。所以陈寅恪在诗中一方面是说明现状，"元和新脚未成军"，一方面对傅斯年在中山大学的工作和取得成效给予肯定，对其发展方向给予相当高的期许。无论对此诗如何解释，都说明陈寅恪与傅斯年在回国后虽居住遥远，但相互关心，联系密切。

狼狈为善

正当陈寅恪给傅斯年写信寄诗，感叹"元和新脚未成军"的时候，政治形势的变化成为他们那一代学人组成集团军进行集众式研究的机缘。1927 年 5 月，国民党中央执行委员会政治会议第九十次会议通过决议：成立中央研究院筹备处，隶属于大学院。10 月，蔡元培正式就任大学院院长，聘请中央研究院筹备委员三十余人，傅斯年为筹备委员之一。11 月中央研究院筹备委员会召开成立大会，通过了《中央研究院组织大纲》，确定设立理化、地质、社会科学、观象台四个研究机构。傅斯年极力向蔡元培等人陈述历史学、语言学研究的重要，建议在中央研究院设立历史语言研究所。1928 年 3 月，中华民国大学院批准了傅斯年的提议，聘请傅斯年、顾颉刚、杨振声三人为历史语言研究所常务筹备委员。9 月，中央研究院历史语言研究所正式成立，任命傅斯年为所长。10 月，傅斯年主持召开历史语言研究所会议，决定将该所迁至广州东山恤孤院后街三十五号柏园，同时傅斯年辞去中山大学各种职务，全力以赴地经营中国第一个历史语言等专业研究的学术机构。

傅斯年1928年4月受命筹备历史语言研究所时首先考虑的就是物色和罗致一流的专业学者，陈寅恪、赵元任、李济都是他志在必得的人选。1928年9月，傅斯年以蔡元培院长的名义致电陈寅恪，要求其担任历史语言研究所研究员，信中说："本院院长蔡先生聘先生为本研究所研究员，恳请许诺，感荷无置！"考虑到陈寅恪在清华大学担任研究教授，不可能立即离职南下，在信中特别注明准允其常住北平，从事学术研究。信中说："查历史的语言的材料聚集北平者至多，整理发明端赖博学如先生者，不维冒昧，敢烦先生常住在北平，以便从事整理，闻先生于内阁大库中颇得重要史料，有意编辑，又得数种文书之蒙古史，思考校之，无任欣佩，颇思早观厥成，以树研究史学之表仪，至于推此项及其他。先生在北平工作之用费，如抄写之费及助员之费等，自当由本所担任。"为了方便陈寅恪在北方为历史语言研究所工作，1928年11月，陈寅恪受聘为北平分所主任。1929年6月，历史语言研究所迁往北平，陈寅恪担任研究员兼第一组（历史组）主任。但陈寅恪一直没有实际到职，仍以清华大学工作为主。在历史语言研究所的具体工作多由傅斯年实际处理。历史语言研究所研究员李方桂曾回忆说："他（傅斯年）办史语所也有一个原则，即凡在史语所工作的人都不准在外面兼课，但陈寅恪和赵元任一定要在清华兼课，他不得已，为了请到这两位杰出人才，只好退让一步说：'好，只有你们两位可以在外兼课，别人都不许'。"在这种情况下，陈寅恪才接受聘请，担任历史组主任。劳干曾是历史组的研究人员，他在回忆历史组的工作情况时有更详细的叙述："等我到中央研究院史语所工作，陈寅恪先生是第一组主任，不过陈寅恪先生只担任一个名义，并不管实际上的事，一切事务都由傅孟真亲自处理，遇到学术上的问题，以及升迁的问题，才去特别找陈先生，请陈先生发表意见，这件事在史语所当时是一个很少被谈到的事。"关于陈寅恪很少过问历史组的具体事务这一事实，在南京第二档案馆有关史语所的档案里也能清楚地得到证实，例如有几份史语所的会议记录：一份史语所讨论年初人员调配和经费使用；一份汇报明清大库档案保存和整理情况，这两次会议陈寅恪都出席了，其他几次一般性会议，傅斯年主持，陈寅恪都没有出席。

陈寅恪之所以坚持任教清华大学，兼任历史语言研究所研究工作，主要是想以清华大学为基地，培养一些文史研究的人才。后来史语所迁到北平后，开始傅斯年并不让研究所的其他人员到各高校兼职，后来为了在各高校，尤其是在北京大学、清华大学培养和选拔青年学术研究人才，傅斯年也开始到北京大学兼职，为史语所培养选拔了一大批青年才俊。

1929年10月，傅斯年致信清华大学校长罗家伦、教务长杨振声、文学院院长冯友兰，信中阐述了历史语言研究所与清华大学合作进行学术研究，以便利用双方的人才和各种资源，各尽其力，各用其才，各取所需，团结协作，进行学术研究，信中说：

> 现在寅恪、元任两兄，及李济之，我们的研究所均不免与之发生关系。这不是我们要与清华斗富，也不是要与清华决赛，虽不量力，亦不至此！亦不是要拆清华的台，有诸公在，义士如我，何至如此！乃是思欲狼狈为善（狼狈分工合作本至善），各得其所！
>
> ……所以在清华不便派人长期在外时，可由我们任之。我们有应请而请不起，而清华也要请的人时，则由清华请之。有可合作的事时，则合办之。诸如此类，研究的结果是公物，我们决不与任何机关争名。

故我们感觉负担（独立）不起者，愿与诸兄商量而合办；清华有感觉不便者，我们成之，如此而已！

傅斯年把这种合作取名为"狼狈为善"，合作双方各取其长，避其短，合作进行学术研究，确是妙喻。陈寅恪虽然是遥领历史语言研究所历史组主任和兼任研究员，但在学术研究方面与研究所真诚合作，对研究所的学术研究尽心尽力。有人统计：从1930年到1948年，陈寅恪在历史语言研究所集刊发表了二十六篇论文，另有三篇刊载于该所其他出版物，是1949年以前在该所发表论文众多的学者之一。他的两部专著《隋唐制度渊源略论稿》和《唐代政治史述论稿》也都在历史语言研究所出版。陈寅恪的历史组主任职务一直担任到去世。1949年，历史语言研究所迁往台湾，历史组主任仍是陈寅恪，由陈槃任代理主任，直到1970年，陈寅恪先生去世的消息台湾方面得到证实，陈槃才正式担任历史组主任一职，这也是历史语言研究所对陈寅恪尊重的一种表现。

整理大内档案

陈寅恪与傅斯年被后来的史学家定位为史料学派的代表人物。其中陈寅恪在学术研究方面特别强调运用和发现新材料，他曾说："所谓新材料，并非从天空中掉下来的，乃指新发现，或原藏于他处，或本为旧材料而加以新注意、新解释。"而搜寻、整理新材料是史学研究的前提和基础。所以陈寅恪对搜求新资料特别重视，1928年得知明清大内档案有可能被卖到国外或被毁掉，他十分痛心，奔走呼吁，要求把这批珍贵的资料保存下来以供研究，就是显例。

明清大内档案是指清王朝保存的自明末以来的内阁大库保存的档案。其档案内容包括：明末至清代的诏令、奏章、则例、贺表、三法司案卷、实录、殿试卷及各种册簿等。内阁大库原编为六号，礼、乐、射、御四号所藏全是明末至清代的档案，书、数二号除收藏赋役书、命书、朱批谕旨、乡试录、殿试卷外，还藏有明朝文渊阁旧籍及各省府县志。宣统元年（1909），库房损坏，这些档案书籍被临时搬放于文华阁两庑和大库外边的庭院里。露天堆放非长久之计，于是主管学部事务的大学士、军机大臣张之洞奏请将其中书籍捡出，成立"学部图书馆"（中国国家图书馆的前身）保存。档案部分被视为无用之物，经内阁会议讨论后，拟予以焚毁。学部参事罗振玉奉命接收书籍，发现批准焚毁的档案都是十分珍贵的历史资料，于是建议学部设法予以保存。获准后分别存放于国子监南学和学部大堂后楼里。辛亥革命后将这批档案材料划归教育部历史馆收藏，于1917年全部移放于午门端门洞中，当事者时或盗窃之。后来教育部曾两次派人进行"整理"，将一些比较整齐的材料翻拣出来，其余的则胡乱堆放，使之更加残破散乱，被盗窃之现象亦更为严重。

1922年，历史博物馆方面经费短缺，于是打起了这批档案的主意，把它们装进了八千个麻袋里，总计重量约十五万斤，以"烂字纸"之价格，计四千大洋，卖给了北京的同懋增纸店。该纸店又改用芦席捆扎成包，准备运至定兴、唐山两地重新造纸，同时从中挑出一些较为整齐的案卷，拿到市场上出售。罗振玉闻讯后，急以三倍之价赎回。将已运往定兴的部分重新运回北京，运至唐山的部分改运到天津存放。他曾雇人对某些案卷进行了整理，编印成《史料丛刊初编》十册。以私人之力，全面进行整理绝无可能，长期存放，其财力实亦难及。罗氏计无所出，只好转售他人。据传外国人有欲出重金购买者。1924年，李盛铎以1.6万元价格购得，乃于北平、天津分别赁屋存放。1927年，李氏因房租价高难以支付，且所租房屋漏雨，损及书册，乃急欲转卖。当时平津学人虽知这批材料价值甚大，但均以价格太高且难以保存整理而未敢购买，时日本人又生觊觎之心，一些外国教会设办的学校如燕京大学也在设法购买。

对此，北大、清华、故宫博物院等机构的专家学者纷纷表示这批档案文献万不可落入外国人之手。陈寅恪对此亦深以为然，他在给傅斯年的信中明确表示："现燕京与哈佛之中国学院经费颇充裕，若此项档案归于一外国教会之手，国史之责托于洋人，以旧式感情言之，国之耻也。"

因事涉明清重要国史资料，作为史家的陈寅恪为此倾注极大热情，当是情理中事。陈寅恪力主把这批珍贵的历史文献留于纯粹的中国研究机构之手。其中，寄予最大希望的还是中央研究院。就当时的情形而论，无论是北大、清华还是故宫博物院，都很难拿出大笔款项购买这批在当权者看来并无多少价值、但在学术界看来却是奇珍异宝的内阁档案。于是，借傅斯年由广州来北京办事之际，胡适与陈寅恪曾主张由傅氏出面向中央研究院院长蔡元培请拨款项，以求购这批"国之瑰宝"。

听了胡适与陈寅恪的叙说，傅斯年早已知道此档案的珍贵，听说有流入外国人之手的可能，更是感觉到留下此档案的重要。9月11日上书蔡元培，要求购买这批珍贵资料。

蔡元培收到傅斯年的信后，便致函杨杏佛，商议购买事宜。1928年12月，史语所派员至北平，由马衡介绍，找李盛铎洽谈，后又与陈寅恪、李宗侗出面办理。1929年3月，陈寅恪致信傅斯年，说已向李盛铎预付定金，并说由罗振玉清理印出之史料乃其中之极少数，其余并未开包。最后，中央研究院买下了这批档案，交由史语所进行整理。

内阁档案的交易，是陈寅恪加盟中央研究院以来，为史语所具体承办的第一件大事和实事。从后世留存的陈、傅二人通信看，自 1928 年至 1929 年夏天的一年多时间里，有相当大的一部分内容是商讨内阁档案的收购事宜。心性孤傲，从不愿出面求人办事的陈寅恪，为购买大内档案四处奔走，斡旋游说，筹划操办。双方来往的信函，充分显示了陈氏对这批档案的重视与早日得之而后快的心情。

1929 年 8 月，在陈寅恪等人的积极努力下，李盛铎转让的档案全部运往北平北海静心斋，合计约十二万斤，其中破烂不堪者约五万斤——这是史语所自成立以来所获得的第一笔宝贵史料和学术研究资源。

1929 年春天，傅斯年领导历史语言研究所主要部分迁往北平，以便对大内档案整理和安阳殷墟挖掘进行就近指挥。傅斯年本人也开始长住北平。陈寅恪为便于组织和领导整理大内档案，特别在北平城内西四牌楼姚家胡同三号租赁了一处宽敞舒适的四合院，并把其父陈三立，连同本家大嫂从南京接来居住。有了城里城外的两处住房，且两处住宅都安装了当时极为稀有的电话，陈寅恪开始比较从容地奔波于两地之间，除在清华授课外，大部分时间都在城里北海静心斋带领史语所历史组人员如劳干、徐中舒、李光涛等人整理内阁档案。9 月，傅斯年与陈寅恪筹划成立了历史语言研究所明清史料编刊会，除傅、陈二人外，另聘史学大家朱希祖、陈垣以及年轻的学术中坚徐中舒为编刊委员，拟列了一个庞大的出版计划，历史组人员一边进行整理、分类、编目，一边刊布印行，将珍贵史料公之于世，取名为《明清史料》。这是陈寅恪一生在生活上最舒心、精神上最得意、学术上最有创见的极盛时期。1934 年，傅斯年在致胡适的信中特别提到："以寅恪事为例，则寅恪之职务，大事仍由其主持，小事则我代其办理。""寅恪能在清华闭门，故文章源源而至（其文章数目在所中一切同人之上）。"

可惜好景不长，1931 年 "九一八" 事变之后，日本占据东三省，中国的政治、文化中心逐渐南移。1933 年 4 月，遵照中央研究院总办事处指令，史语所由北平迁往上海曹家渡小万柳堂办公，除少部分人员与内阁档案留守北平外，其他人员全部南迁。陈寅恪不忍舍弃清华园的生活环境与学术氛围，没有随所迁移，仍留校任教。直至 1938 年，陈寅恪才南下在云南昆明与傅斯年等史语所成员再度聚集。

第5章

动荡岁月

南迁遭遇

1937 年 7 月 7 日，卢沟桥事变爆发，全面抗战首先在北平周围展开，地处北平西北部的清华大学在 7 月下旬陷于激烈的炮火之中。由于时值学校暑假期间，师生多数不在学校。校长梅贻琦等人被蒋介石召到庐山参加谈话会，陈寅恪和吴宓、叶企孙等人紧急商量，决定先退入城内躲避，陈寅恪全家到城内西四牌楼姚家胡同三号寓所与父亲团聚。

陈三立当时已是 85 岁高龄，且体弱多病，仍关心时势，对日寇入侵、国家前途命运忧愤不已，终于病倒卧床，延至后来拒绝服药进食，至 9 月 14 日溘然长逝。此时陈寅恪所面对的是炮火连天，老父忧愤而死，国难家恨集于一身。又因几位兄弟都不在身边，所以他既要全力处理父亲丧事，又要担心时局变化，决定全家的去留，急火攻心，导致视力急剧下降，到同仁医院检查诊断为右眼视网膜剥离。医生叮嘱其及时入院手术治疗，不可延误。陈寅恪考虑环境条件差给予拒绝。据陈寅恪女儿流求回忆："记得那天晚上祖父灵前亲友离去后，父亲仍久久斜卧在走廊的藤躺椅上，表情严峻，一言不发。"又说："考虑到当时接受手术治疗，右眼视力恢复虽有希望，但需费时日长久。而更重要的是父亲绝不肯在沦陷区教书，若在已陷入敌手的北平久留，会遭到种种不测。当年，美延刚诞生，流求八岁。侧听父母严肃交谈反复商量，从大人的语句中感觉出父母作出决定很慎重，也极艰难。父亲终于决定放弃手术治疗眼疾，准备迅速赶赴清华大学内迁之校址。此时父辈四兄弟均已抵达，共议祖父身后事，在祖父逝世后刚满'七七'尚未出殡时，于 11 月 3 日父亲隐瞒了教授身份，携妻女离开北平，决心用唯一的左眼继续工作。"

　　1937 年 11 月已是初冬，草木凋零，天地萧瑟。陈寅恪一家与北大毛子水等几位教授结伴，悄然告别北平的家园，由前门乘火车向天津进发。到达天津车站，陈寅恪等几名教授趁着混乱，引领家人小孩在慌乱的人群中穿行，越过了日军和伪警察设置的盘查关卡，提心吊胆地走出了天津火车站。次日，陈寅恪全家又与毛子水等转道塘沽，登乘"济南号"英国邮轮向青岛驶去。轮船在大海中一路颠簸总算到了青岛，乘客登岸后已过午夜，陈寅恪全家与毛子水等不敢停留，急忙购好长沙联票，连夜挤上去济南的火车。行至济南，转车到徐州，折转陇海线到郑州，旋又转车抵汉口。在汉口旅店休息半日，又乘粤汉线列车于 11 月 20 日夜终至长沙。陈氏一家无处觅房，暂时在一位亲戚家借住。自北平至长沙，历时十八天。

　　陈寅恪全家自北平南下前，曾将学术研究必用的书装箱寄往长沙亲戚家，以便他们到长沙时领取。结果由于战乱，交通不畅通，陈寅恪到达长沙时书尚未到，而此时，原定清华大学搬迁长沙的计划又有变化，改迁云南。陈寅恪不得已率家属离开长沙继续南行，将邮寄的书籍委托在长沙的亲戚接收保管。后来战火逼近长沙时，亲戚忙着逃难，书籍没有转移，长沙大火，亲戚的房子与陈寅恪的书籍全部付之一炬，这是陈寅恪损失的第一批书。

11月底，陈寅恪率领一家人自长沙继续南行，经广西桂林、广东虎门到达香港。此时已近春节，而陈夫人因长途跋涉劳累过度引发心脏病，小女儿亦病，不得已暂住好友许地山家。春节过后，陈寅恪必须赶到云南蒙自上课，只得将夫人和孩子安顿在香港，只身赶往云南。行前他将正在研究的文稿、拓本、长期批注的几部书《蒙古源流注》《世说新语注》《五代史记注》等文献资料装入一只皮箱交铁路部门托运。万万没想到的是，陈寅恪到蒙自后，取回托运的皮箱打开一看，自己放进去的图书资料完全消失，只有一些砖头瓦块。原来被铁路沿途的不法分子盗走书籍，另装些砖头充数，防备陈寅恪在取箱前发现。此事对陈寅恪打击甚重，据说当场昏厥，大病一场。这是陈寅恪第二次损失自己的学术研究资料。

1939年，陈寅恪接受英国牛津大学聘请，担任该校汉学教授，行前寄信傅斯年，请傅委托史语所将其放在史语所的五箱书籍寄往香港住处，其中有经常使用的参考书，也有一些未发表的论著手稿。7月6日，陈寅恪收到了历史语言研究所邮寄的五箱书，结果打开书箱一看，其中两箱是错寄，而此两箱恰巧是陈寅恪存放论著手稿的两箱，以后虽托俞大维等人查寻，终无踪影。此次丢失书籍和论著手稿对陈寅恪又是一次沉重的打击。他在致傅斯年的信中几次谈起此事。其7月11日的信中说："弟五箱运到而错了两箱，此两箱中，恰置弟之稿件，虽又托人查问，此次恐是石沉大海矣。得而复失，空欢喜一场，反增懊恼。将来或可以借口说：我本有如何如何好文章，皆遗失不传，亦是一藏拙作伪之法耶！此殆天意也。"这是陈寅恪第三批丢失的书籍和研究资料。陈寅恪是一位严谨的学者，视学术为生命，他在信中的几句话可以看作痛极而悲的语言，在

7月26日致傅斯年的信中再次谈到失去书籍文稿的痛苦心情："两箱书换去，托大维代查，渺渺茫茫，未必有归还之望，姑尽人事，以俟天意。……今日妻病稿失，又在东京会议之后往牛津，天意、人事、家愁、国难俱如此，真令人忧闷不任，不知兄何以教我。"陈寅恪在信中将丢失文稿与夫人病同列，在上次信中把丢失文稿视为天意，而此信把天意、人事、家愁、国难合在一起，并且列在第一位，作为自己忧愁致病的原因，可以看出，陈寅恪把丢失的书籍和文稿看得相当重要。

陈寅恪离北平南下，辗转南方各地，所邮寄和自己携带的书籍和研究资料大量丢失，尤其是自己心血所铸就的文稿丢失殆尽，使得他基本上无法继续进行先前的研究，对此他自己曾说："战乱所余尚在身边者，仅不经意之石印《旧唐书》及《通典》二种。"他以《通典》《旧唐书》提供的资料撰写了《隋唐制度渊源略论稿》《唐代政治史述论稿》，从某种意义上说陈寅恪在抗战期间研究隋唐史，无充足的书可以参考，巧妇难为无米之炊，他只能根据身边存有的书籍进行学术研究，这恐怕也是陈寅恪在抗战期间将学术研究领域转到隋唐史的一个重要原因。

拒当文化汉奸

1939年春，英国牛津大学决定聘请陈寅恪为汉学教授，同时授予英国皇家学会研究员职称，并决定由英国汉学家休斯副教授充任其助手，主讲东方汉学。

早在1935年，牛津大学原中文教授苏威廉（1861～1935）去世，牛津大学决定另觅合适人选填补中文教授的空缺。根据牛津大学有关的大学规章，选任中文教授的遴选委员会人员组成除牛津大学有关人士外，特别留一席位由"大学中国委员会"指派代表出任。"大学中国委员会"与1931年成立的"管理中英庚款董事会"有关,"管理中英庚款董事会"主要职责是管理英国退还之庚款的使用,董事会设董事十五人(其中英籍五人,中籍十人),董事长由朱家骅担任,杭立武担任总干事,负责处理具体事务。杭立武曾长期在英国留学,很愿意与英国加强联系。在担任董事会总干事期间,在英国驻华大使的支持下,于1933年创办了"中英文化协会",致力于促进中英文化的工作。据牛津大学中文教授的档案记载,1938年10月,英国伦敦大学中国艺术和考古学教授颜慈致牛津大学注册处的信中提到与中英文化协会联系,推荐陈寅恪任牛津大学中文教授。牛津大学经过考察研究,决定聘请陈寅恪为牛津大学中文教授。这是牛津大学建校数百年来第一次聘中国学者为专职教授,对中国人来说是一种相当高的荣誉。对陈寅恪知之甚深的陈衡哲曾评论说:"欧美任何汉学家,除伯希和、斯文·赫定、沙畹等极少数人外,鲜有能听得懂寅恪先生之讲者。不过寅公接受牛津特别讲座之荣誉聘请,至少可以使今日欧美认识汉学有多么个深度,亦大有益于世界学术界也。"牛津大学选聘陈寅恪为东方学教授,从某种意义上说,是世界汉学研究界对陈寅恪学术地位的认可。据说陈寅恪曾两次辞聘,最终考虑处于战乱期间,中国当时生活和学术研究环境太恶劣,更重要的是可以加强与世界学术联系等诸多原因,决定应聘。陈寅恪是特别重承诺的人,为应聘付出了惨痛代价也没能成行,最终不得不辞聘,其过程相当曲折惨痛。

1939年暑假,陈寅恪辞去西南联合大学教职,离开昆明经河内到达香港,与留在香港的家人团聚,为去英国牛津大学就任新职作准备。就在陈寅恪全家候船去英国的时候,世界形势发生变化,日本与德国、意大利结盟成为轴心国,苏联与英美组成反法西斯同盟国,两大军事集团对峙,由原来的局部战争演变为第二次世界大战。两大军事集团严密控制海洋航路，致使由香港去英国的船无法成行。陈寅恪不得已致函牛津大学要求延期一年，得到牛津大学的准允。9 月，陈寅恪又返回昆明西南联大继续上课，夫人唐筼因病体未愈仍无法随行，与女儿继续留住香港。

1940 年 3 月 5 日，中央研究院院长蔡元培在香港病逝，根据中央研究院规程，要迅速选出新院长。按规定，中央研究院院长产生的办法是实行"提名制"，由中央研究院评议会投票选举三名候选人，呈报国民政府，由政府领导人从三名候选人中圈定一人作为新一届院长。3 月中旬，中央研究院评议会秘书与总干事任鸿隽等人经过沟通协商，呈报国民政府批准，决定在重庆召开中央研究院评议员会议，选举新院长。当时驻昆明等西南各地的评议员蒋梦麟、陈寅恪、傅斯年、陶孟和、周炳琳等人接到通知，陆续集聚重庆。当时学术界评议员多具有自由主义知识分子属性，尤其是陈寅恪等许多人都属意胡适出任。陈寅恪曾明确表示："本人不远千里来重庆，只为了投胡适一票。"而当时国民党政府中一些具有学人属性的官员都想得到这个职位，因为中央研究院院长虽是"闲曹"，却是国家学术研究机构的"掌门人"，而国民党政权独裁者蒋介石也有属意的人选。经过激烈角逐，曾任中央研究院总干事，时任国民党中央组织部长的朱家骅，被任命为中央研究院代理院长，而这一因缘却加强了陈寅恪与朱家骅的联系。

1940 年暑假，陈寅恪由昆明再次去香港与家人团聚，同时等候时机全家赴英就任牛津大学汉学教授之职。可是由于欧洲战争正激烈进行，香港至欧洲的交通中断，陈寅恪赴英不得不再次推迟一年。同时由于中日战争在中国南方激烈进行，返回昆明的道路亦被阻断，陈寅恪只得滞留香港。经傅斯年、杭立武等人联系，加上时任香港大学中文系主任的许地山推荐，香港大学聘陈寅恪为客座教授，暂时解决了全家在香港的生计问题。但"无人可谈，无书可读"，生活拮据，寅支卯粮，陈寅恪精神苦闷、生活烦愁，以至于头发迅速变白。

1941 年 12 月 7 日，日军袭击珍珠港，太平洋战争爆发。日本乘机攻占香港，香港社会秩序混乱。香港大学停课，陈寅恪一家困居于住处，陷入困难危险之中。首先，生计陷入绝境。原先全家的生活全靠陈寅恪在香港大学的工资维持，由于物价飞涨，已是寅支卯粮。香港大学停课后，工资停发，全家生活更是衣食无着。陈寅恪在致友人的信中不止一次说："行止两难，进退维谷，颇如待决之死囚。"其次，日军占领香港不久，便了解到陈寅恪困居香港，日本人和汉奸纷纷趋门骚扰，想利用陈寅恪在文化学术界的地位为他们服务。日本当局持日金四十万元委任陈寅恪办东方文化学院，被陈寅恪拒绝。1942 年春节过后，陈寅恪的一位日本学生专访陈寅恪，说是奉命请陈寅恪到沦陷区上海或广州任教。汪伪政府首脑之一陈璧君亦曾胁迫陈寅恪为其服务。陈寅恪曾在致朱家骅、傅斯年等人信中叙述："更有可危者，即广州伪组织之诱迫，陈璧君之凶妄，尚不足甚为害，不意北平之伪'北京大学'亦来诱招，香港倭督及汉奸复欲以军票二十万（港币四十万）交弟办东亚文化协会及审定中小学教科书之事，弟虽拒绝但无旅费离港，其苦闷之情不言可知。"此为陈寅恪逃出香港后所写，事实上，陈寅恪在日军占领香港后是困居孤地，香港与内地陆海空交通包括通信、电传、票汇完全断绝，而营救陈寅恪的工作虽多方进行但收获甚微，直至 1942 年 4 月底，营救才有所进展。

在日军攻陷香港的第三天，远在四川李庄的傅斯年闻知香港陷落后连发几封急电，分致陈寅恪、杭立武、王毅侯，要求给陈寅恪汇款，让陈寅恪设法离香港飞重庆。紧接着致电朱家骅要求营救陈寅恪。朱家骅接傅斯年的电报后也积极设法与陈寅恪联系，有关方面亦筹集款项接济陈寅恪。

朱家骅时任国民党中央组织部长代理中央研究院院长，应该说他对营救陈寅恪是相当积极的，因为大陆与香港的正常交流渠道已断绝，他便利用其他渠道打听陈寅恪的处境及有关情况。3月31日，有人致信陈述陈寅恪的情况，信中说："陈寅恪截至本月中旬尚未赴广州，伪方四次派要员劝驾，尚不肯走。同时经济困迫，致卧病不能起床，情形甚惨。"朱家骅接信后立即电告有关各处了解陈寅恪住址，设法营救。同时致信傅斯年，转告陈寅恪在港情况。

4月22日，朱家骅通过调查局（中统）致电驻澳门办事处负责人朱学贤转告陈寅恪，要求陈寅恪设法告知所需款项，并要求设法离港转澳门或广州湾回内陆，信的内容是："急，澳门，密，朱学贤兄请即密告并候取复电，下电送转九龙太子道369号三楼陈寅恪先生鉴：港（变）以来，无时不以尊况为念，嗣闻备受艰辛，又苦不审最近寓址，无从闻讯，悬系曷极，顷庄泽宣兄函知尊寓，甚慰，盼即设法由广州湾返国，如能设法先至澳门或广州湾后即可与弟通讯，所需费用若干请电复，当照汇，复电即交原送电人带回代发可也。"朱家骅同时致电傅斯年，通报与陈寅恪联系的情况和内容。其中说："顷审陈寅恪兄现寓九龙太子道369号，已密电慰问，请其设法由广州湾返国，并询所需费用，俟复到当即照汇。"从以后陈寅恪的复信中可以证实，陈寅恪收到了此电，"至四月底奉骝公密电，如死复生，感奋至极"。陈寅恪收到朱家骅电报后，稍事整理即准备出发，先于4月30日致电朱家骅，一方面通知将携眷赴广州湾，一方面要求汇款两万元至麻章三元宫梁汝文女士代收转交。5月2日，陈寅恪再次电告朱家骅，确定5月4日离港赴广州湾。同时，朱家骅致电郑绍玄，要求将译电送梁汝文转陈寅恪，电文主要内容："梁汝文女士留转陈寅恪先生鉴：本院先后共汇一万五千元存麻章商务印书馆李浩年处，杭立武兄汇五千元存赤坎汽车路 18 号信义行陈乐素君处，又大维兄亦曾汇一万元至赤坎汽车路 18 号信义行陈德君处，统为留转吾兄者，希分别洽领，早日来渝为幸。"朱家骅接到陈寅恪 5 月 3 日电报，知道陈寅恪 5 月 4 日将动身，担心陈寅恪收不到电报，5 月 3 日先发至朱学贤转陈寅恪香港住处的电文是："九龙太子道 369 号三楼陈寅恪先生：东电计达，顷胡霭兄函告，大维兄曾汇一万元至广州湾赤坎汽车路 18 号信义行交陈德君留转与兄者，兄到湾时希往洽领。"在此电稿上方附言：查陈君前电云于 5 月 4 日赴广州湾，则此电恐不能接到，于是又分别致电胡霭与琼崖中学郑绍文，让他们转告陈寅恪汇款情况。致胡霭电中谈了与陈寅恪联系情况："选之吾兄大鉴：本月 4 日手札敬悉，关于俞大维兄汇于陈寅恪兄一万元一事，顷已急电转告，惟前接陈兄 4 月 30 日来电云，于本月 4 日搭船赴广州湾，则此电恐不能收到，至本院先后共汇一万五千元至麻章商务印书馆李浩年君留转，另由杭立武兄汇五千元至赤坎汽车路 18 号信义行陈乐素留转矣。"朱家骅担心 5 月 3 日致陈寅恪本人的电报，因陈已离开住处不能收到，故急电琼崖中学郑绍玄，让其将电送至麻章三元宫梁汝文女士，以便陈寅恪到广州湾与梁汝文女士见面时告知俞大维与杭立武的汇款。

陈寅恪在香港稍作准备，用朱家骅等汇寄来的款项和自己的衣物偿还了债务，于 5 月 5 日乘船到广州湾（今湛江），途中遇风浪，一叶扁舟，惊险万状，终于到湛江，住进一个嘈杂拥挤的旅社。因内地汇款未到，等了几天，收到傅斯年通过中央研究院汇寄的五千元和杭立武汇寄的五千元做盘费，又由广州湾出发，路经赤坎、廉江、郁林、贵县，又由贵县换船经桂平、柳州，直至 6 月 18 日始到桂林。按照傅斯年事先的安排，当时中央研究院心理学研究所、地质研究所设在桂林，故陈寅恪在心理学研究所附近住下，准备稍作休息再定行止。自香港至桂林一路艰辛及危险，是陈寅恪一生经历坎坷的重要阶段，他自己多次用"九死一生"来形容，实不为过。

学人楷模

陈寅恪全家原本计划在桂林稍事休息，到四川宜宾李庄历史语言研究所从事学术研究。但是由于在香港历经磨难，贫病交加，从香港到桂林长途跋涉两个月之久，到桂林稍事安顿后，陈寅恪夫妇"忽觉疲惫不堪"，难以继续跋涉。于是陈寅恪与中英庚款委员会负责人杭立武联系，由中英庚款委员会在广西大学设立讲座，聘请陈寅恪在广西大学讲学。这样，陈寅恪决定暂时留在桂林，一边在广西大学讲学，一边休养。在此期间，中央研究院新任总干事叶企孙，因与陈寅恪原是清华大学私交甚好的同事，了解到陈寅恪在香港、桂林期间生活困难，贫病交侵，欲设法照顾，想以历史语言研究所专任研究员的待遇，准允其在桂林进行学术研究，并在没有征得傅斯年同意的情况下将聘书直接寄给了陈寅恪。由于此种做法违背了中央研究院与历史语言研究所的制度和服务规程，傅斯年与陈寅恪都没有接受。陈寅恪接到聘书后"即于两小时内冒暑下山，将其寄回"，并在致傅斯年的信中明确表示："院章有专任住所之规定，弟所夙知，岂有故违之理？今日我辈尚不守法，何人更肯守法耶？"陈寅恪学人风范，因此事表现得相当充分。

陈寅恪在桂林仅一年，因抗战形势变化不得不再次转徙。1943年夏天，日寇为消灭国民党中央军主力，由湖北进军湖南，战火逼近长沙，桂林大受震动，陈寅恪携全家再次踏上逃难旅程。全家搭乘火车由桂林出发，经过宜山、金城江进入贵州境内。行至都匀市时，陈寅恪夫人唐篔染上痢疾，勉强坚持走到贵阳，病情加重。陈寅恪因着急上火，亦患病，两人治病疗养一个多月，继续上路，直到八月底才到达重庆，寓居表弟俞大维家休养。当时陈寅恪的两个学生蒋天枢与蓝孟博同在重庆复旦大学任教，闻知陈寅恪到达重庆，相约到俞宅拜谒。蓝孟博想买一些礼物，仅买到三罐奶粉，到俞宅见陈寅恪夫妇病体初愈，陈寅恪只能"在床上倚靠被子坐起"，两人进谒，陈寅恪看到奶粉说："我就是缺乏这个，才会病成这样。"抗战期间学人生活困苦，由此可见一斑。

陈寅恪一家在重庆休养了一个月左右，夫妇二人病体稍愈。当时燕京大学迁驻成都，聘请陈寅恪去成都燕京大学任教。陈寅恪一家原准备由重庆去李庄历史语言所与傅斯年等同事会合，从事学术研究，但考虑到李庄地处偏僻，生活、医疗条件极差，李济两个女儿患病因医疗条件太差而夭折。陈寅恪夫妇身患多种疾病，在李庄难以生存，经与俞大维一家商量，认为燕京大学是教会学校，经费较有保障，且在成都，各种条件较好，决定去成都燕京大学任教。1943年12月底，陈寅恪一家抵达成都，任教于燕京大学，直至抗日战争胜利。

陈寅恪到燕京大学任教，在成都高校引起了震动，燕京大学校长梅贻宝曾在学校一次周会上说："我校迁徙西南，设备简陋，不意请得海内知名学者陈寅恪先生前来执教。陈先生业已到校，即可开课。这是学校之福。"陈寅恪在燕京大学兼任历史与中文两系教授。1944年上半年所开课程是"魏晋南北朝史"和"元白诗"，下半年又开"唐史"及"元白刘诗"。起初在燕京大学校本部上课，听课人太多，教室容纳不下，后改在城外华西大学广益学舍大教室。陈寅恪初到燕京大学时住校本部宿舍，与史语所同事李芳桂同住一座楼，李家住楼下，陈家住楼上。上课地点变换后，陈寅恪住处亦迁到华西坝广益宿舍居住，住房条件较前有所改善。

陈寅恪是典型的学者风范，视上课为自己的天职与本分。虽在战乱和经济困难之时，仍认真地备课与讲课。每次上课，他都是一只手拿黑布包袱，包着书本、讲义，另一只手提一瓶冷开水，提前步入教室。上课钟响，他入座讲课，讲课无闲言，一面讲，一面板书，间停时喝一口水。陈寅恪讲课内容精深，每次课都讲新内容，极富启发性。因此上课时除专业学生外，慕名来听课者，也包括许多相近专业的教师，都集聚教室内外，经常是座无虚席，连门窗两旁都是听课者。当年听课坚持到底者许多成为学有专长的学者。

陈寅恪自幼喜欢读书，长年累月与书为伴双目受到严重损伤。眼睛高度近视，1937 年 9 月右眼视网膜剥离，来不及手术而避难南下。抗战期间，颠沛流离，生活困难，营养跟不上，再加上燕京大学上课科研任务繁重，眼病日益严重。1944 年冬，陈寅恪左眼视网膜剥离。一个早上，突然发现两眼一片漆黑，左眼也看不见东西，只得住院治疗。12 月存仁医院大夫对陈寅恪进行手术治疗，由于身体、生活条件太差，再加上医疗条件限制，手术没有成功，不仅视力没有恢复，反而使视网膜皱在一起，增加了以后治疗的难度。

陈寅恪手术不成功，只得出院回家疗养。1945 年 9 月，抗日战争胜利，陈寅恪闻讯后百感交集，挥笔写了《乙酉八月十一日晨起闻日本乞降喜赋》诗：

降书夕到醒方知，何幸今生见此时。
闻讯杜陵欢至泣，还家贺监病弥衰。
国仇已雪南迁耻，家祭难忘北定时。
念往忧来无限感，喜心题句又成悲。

此诗反映了陈寅恪得知艰苦抗战十四年终获胜利的喜悦与感念，其中又包含了对未来时事的忧虑，比较确切地反映了一代大师的复杂感情。

赴英就医

抗日战争胜利不久，1945年初秋，英国皇家学会与牛津大学约请陈寅恪赴英治疗眼疾，然后牛津大学继续前约，聘请陈寅恪为汉学教授。陈寅恪祈盼恢复部分视力，决定赴英就医，由于经费筹措困难，夫人无法随行照顾。正好西南联大教授邵循正等四人应邀赴牛津大学进行短期访问，8月6日，邵循正前往成都拜访正在成都进行学术访问的吴宓，吴宓转请邵循正陪伴陈寅恪赴英就医，邵循正等是陈寅恪旧时同事，欣然同意，并帮助陈寅恪办理了护照等出国手续。9月5日，陈寅恪由其研究生刘适（石泉）陪同由成都新津军用机场乘运输机抵达昆明，住进西南联大教师宿舍，许多故旧闻知后纷纷前去探望，如张奚若、叶企孙、汤用彤、冯友兰、陈岱孙、毛子水、雷海宗、吴晗、汪篯等，其中许多是旧时往来密切的同事好友或传道授业的学生，几年未见，各历经艰难，再次会晤，心情自然愉快。据陪伴在陈身边的刘适后来回忆，陈寅恪此时"谈笑风生，精神焕发"。只是时间有限，无法长时间相处。

9月下旬，陈寅恪由邵循正等人陪同，由昆明经缅甸飞印度，再自印度乘飞机直飞伦敦。陈寅恪曾写诗记此次运行，诗曰："眼暗犹思得复明，强扶衰病试飞行。还家魂梦穿云断，去国衣装入海轻。异域岂能医异疾，前游真已隔前生。三洲四日匆匆过，多少伤今念昔情。"诗意很明显，陈寅恪对远赴英国治疗眼疾抱有希望，又有怀疑。陈寅恪去后不久，其夫人致信傅斯年也特别强调："寅恪此行，实以治眼病为第一目的，对牛津就职与否，尚待治眼后再考虑，此层亦为牛津方面所了解（眼疾太迟则不治，时间性关系极为重要）。"

陈寅恪到达伦敦后治疗眼疾的事宜由牛津大学东方学院负责安排，由著名眼科专家负责诊治。由于在国内第一次手术不成功，且间隔时间太长，在英两次手术均不成功。医生电针贴合视网膜，由于视网膜皱在一起，无法复原，但经过手术，视线略微好转，手术前正面已看不见东西，手术后正面可略见人影。医生告陈寅恪无须再施手术。陈寅恪尚存最后一线希望，让人把英医诊断书寄给时在美国的胡适，请其托人去哥伦比亚眼科医院咨询，胡适接信后前往哥伦比亚眼科请专家会商亦无良策。

陈寅恪闻知手术失败，两眼复明无望，心情十分沉重，曾几次写诗感叹，其中有"眼昏到此眼昏旋，辜负西来万里缘""万里乾坤迷去住，词人终古泣天涯"。陈寅恪因目疾无法痊愈，自然无心接受牛津大学之聘，怀着失望和悲观的心情于1946年春乘船归国。其间船至美国纽约时，陈寅恪的同事好友赵元任夫妇，学生周一良、杨联升到码头陈寅恪坐舱中探望。陈寅恪闻赵元任夫妇呼唤之声颇为激动，"顿生悲哽，但旋即回复镇定"。赵元任夫人回忆说陈寅恪"睡在船舱床上，对我说：'赵太太，我眼虽看不见你，但是你的样子还像在眼前一样。'这是（我们）最后一次见面"。5月底，陈寅恪乘船抵上海，其妹陈新午（俞大维夫人）乘小轮船直接到邮船迎接双目失明的兄长，然后乘火车到南京自己家中，陈寅恪在南京得以与自成都归来的妻女团聚。在南京停留期间，清华大学校长梅贻琦曾专程到俞公馆看望陈寅恪，聘请陈寅恪重回北平清华大学任教，陈寅恪表示可以考虑。不久，时任北京大学代理校长的傅斯年也自北平到南京看望陈寅恪，劝说陈寅恪留在南京历史语言研究所，专事学术研究。陈寅恪全家经慎重考虑，决定重返北平清华大学任教。

卖书买煤

1946 年 10 月，陈寅恪夫妇将两个大女儿留在南京读中学，携小女儿美延自南京赴上海乘船北上，重返阔别九年的清华大学任教。清华大学复员不久，由于日寇占领北平后，将清华园征用为军政营房和马厩，对其设施破坏严重，残垣断壁，满园皆是，尚未来得及修整。陈寅恪一家抵达后，学校将其安置在清华园新林院五十二号，此时原在陈寅恪家做工的陈忠良又回到陈家，经过一番整修安排，一家人初步安顿了下来。

陈寅恪在清华大学的任职没有变化，仍任中文、历史两系合聘教授，继续兼任已复员回到北平的燕京大学研究院导师。

陈寅恪到清华大学报到时，复员后的清华大学已正式开学，校长梅贻琦等人见陈寅恪双目基本失明，身体病弱，让历史系主任、陈寅恪老友雷海宗前去看望并转达校方意见：先休养一段时间，在身体许可的情况下作一些学术研究，暂时不要开课，以免过于劳累。陈寅恪当即回绝："我是教书匠，不教书怎么能叫教书匠呢？我要开课，至于个人研究，那是次要的事。我每个月薪水不少，怎么光拿钱不干活呢？"由于陈寅恪视力太差，教学研究无法查阅书籍资料，只得通过校方与北京大学校长胡适协商，将其亲传弟子王永兴从北京大学文科研究所调至其身边充任助手，不久另一位学生汪篯也回到身边协助学术研究。陈寅恪特意让王永兴通知历史系和中文系各开一门课。雷海宗看到陈寅恪决意立即开课，只得同意。但为了照顾陈寅恪身体，采取了一项补救措施，让听课学生到陈宅去上课，避免陈寅恪行路之难。

陈寅恪虽然双目失明，仍坚持讲课，并且以高度的职业道德来履行自己的职责，每次授课都在助手的帮助下，认真备课、讲课。这个时期任其助手的王永兴后来回忆陈寅恪备课和上课的情况："在清华大学历史系，寅恪先生开的课经常是'魏晋南北朝史'和'隋唐史'。课程的名称虽然重复，但每次讲课都有新的内容，提出并解决新的问题。他备课也是极其认真、十分严谨的。一般的情况是：在开始备课的前几天，他向我和汪先生说，这一学期他要讲的主要问题、主要内容，然后就指定我们读哪些书给他听。他备课要读的第一种书总是《资治通鉴》，然后是《通典》、《会要》、《六典》、两《唐书》等等。当时的情景是：我们坐在两个沙发上，当中摆着一架书，在我的面前摆着一张小桌子，他指定我读《通鉴》哪一卷或者从哪一年到哪一年，而且嘱咐我要读得慢一些，读得清楚一些。读到一个段落，他就叫我停下来，他思索着，然后就提出来这一段里的问题和要注意的地方，让我写在本子上。常是读完《通鉴》某一段，就要我去查出在两《唐书》里，在《会要》《通典》里所记载的和这一段有关的材料，读给他听，然后，他指出这几种书所记载的有哪些不同，哪个记载是对的，哪个是不对的，这些，他都让我记在本子上。这样读了几天，他就叫我把本子上所写的重复给他说一遍，他总结综合，口述出来由我写下，就形成了讲课稿或者讲课的详细提纲。不只是讲课的主要内容，而且讲课所涉及的史料、与讲课有关的每一条材料，他都作了严谨的校勘与考证。在备课的过程中，我懂得了什么叫严谨的学风，应该怎样读书、怎样教课，这对我一生的教学研究，都极有教益。当时上课是在寅恪先生家里，一般有二三十个学生，上课之前他指定我在黑板上写史料，然后，坐在一把藤椅上，问我写了些什么材料，我一一和他说。没有材料，他是从来不讲课的。两黑板的材料讲完了，我于是再写。讲课之后，他常常问我这样讲学生能接受吗，他常要求我征求学生们的意见，然后再修改讲课稿。陈先生讲课精湛，深入浅出，引人入胜，而在这背后的，是他备课的辛勤。他年年开课，年年都是这样备课、讲课。"

陈寅恪兼任燕京大学研究院导师，主要指导了燕京大学历史专业研究生刘适（石泉）的学术论文。刘适在成都时在陈寅恪的指导下选定了"中国甲午战前后的中国政局"。陈寅恪虽然没有研究清史，但由于家世原因，对清史尤其是晚清历史与掌故相当熟悉。当刘适1944年在陈寅恪门下做研究生，选此题目时，陈寅恪曾明确告诉刘适说："我可以指导你，其实我对晚清历史还是熟悉的，不过我自己不能做这方面的研究。认真做，就要动感情，那样，看问题就不客观了，所以我不能做。"于是刘适从1944年开始搜集资料。1946年，清华大学、燕京大学复员回北京，刘适在陈寅恪的指导下继续从事论文的写作与修改。据刘适回忆："在写作论文过程中，从搜集史料到整理、鉴别与解释史料，形成观点，最后写出初稿，都经过陈老师的指点、问难与审查，每完成一小章或一大节，都要念给陈老师听。老师记忆特别好，往往时隔多日后，听下一章节的内容时仍然记得以前章节的内容，前后左右，纵横贯通地进行联系、分析，提出很有启发的意见。"刘适的论文直到1948年才最后完成，约十五万字，遗憾的是该论文在"文革"时期散失，没有机会出版面世。

陈寅恪不论是给本科学生上课还是指导研究生，都严肃认真，一丝不苟，表现了一代大师教书育人的风范。

陈寅恪1946年重返清华园，正是国共内战激烈进行时期，受战争影响，广大民众，包括知识分子都生活在艰难困苦之中。北平的冬天，气候严寒，陈寅恪的住宅虽装有水暖设备，但因学校经费短缺，无力供暖。陈寅恪身体病弱，惧怕寒冷，无钱购煤生火取暖。陈寅恪的学生季羡林看望陈寅恪时目睹此情，内心不忍，告诉了北京大学校长胡适。胡适一向敬重陈寅恪，想赠送一笔美元供其买煤取暖，陈寅恪却坚拒不受，最后决定将自己的珍贵藏书卖给北京大学换取胡适欲赠送的美元。季羡林具体经办此事，数十年后他回忆此事并发感慨说：

> 适之先生想赠送寅恪先生一笔数目颇大的美元。但是，寅恪先生却拒不接受。最后寅恪先生决定用卖掉藏书的办法来取得适之先生的美元。于是适之先生就派他自己的汽车——顺便说一句，当时北京汽车极为罕见，北大只有校长的一辆——让我到清华陈先生家里装了一车关于佛教和中亚古代语言的极为珍贵的西文书。陈先生只收了两千美元。这个数目在当时虽不算少，然而同书比起来，还是微不足道的。在这一批书中，仅一部《圣彼得堡梵德大词典》市价就远远超过这个数目了。这一批书实际上带有捐赠的性质。而寅恪师对于金钱的一文不取的狷介性格，由此也可见一斑了。

当时曾有人在报纸发表一首诗记述此事："铮铮国士名，矻矻寒窗苦。生事困樵薪，珍袭归书贾。燎原战火燃，断续炊烟舞。何异又焚书，风教委尘土。"并在诗序中感叹："陈寅恪教授卖书买煤，为之意苦者久之。"陈寅恪当时已被选举为中央研究院第一届院士，如此的社会地位尚生活在艰难困苦之中，难免许多人为之感叹不已。

1948 年 12 月，平津战役激烈进行，清华大学校内人心惶惶。陈寅恪夫妇体弱多病，又面临战乱，准备先迁入城内大嫂家（陈师曾处）躲避，然后再找机会南迁。当时国民党政府已组成专门班子，组织北平学者南下，傅斯年便是其中成员。因北平学者许多是傅斯年师友，所以他很积极，动员俞大维等人派飞机去北平接有关人士去南京。陈寅恪是被接的重点人士。但陈寅恪此时对国民党政权已有深刻的认识，不愿意再与其合作，他行前告诉他的学生准备到广州岭南大学去教书，不会在国民党统治中心南京、上海多停留。12月13日，国民党南京政府教育部致电胡适，说第二天派飞机去北平南苑机场迎接。傅斯年特别致电胡适，请胡适转告陈寅恪，请其与胡适同机离开北平。胡适因不清楚陈寅恪住处，特让邓广铭寻找陈寅恪。邓广铭打听到陈寅恪大嫂家的住址面见陈寅恪，说明事情原委，陈同意与胡适同行，他说："前许多天，陈雪屏曾专机来接我。他是国民党的官僚，坐的是国民党的飞机，我决不跟他走！现在跟胡先生一起走，我心安理得。"陈寅恪行前对送行的邓广铭说："其实，胡先生因政治上的关系，是非走不可的；我则原可不走。但是，听说在共产党统治区大家一律吃小米，要我吃小米可受不了。而且，我身体多病，离开美国药也不行。所以我也得走。"飞机到达南京机场后，陈寅恪一家在南京住一晚，次日乘火车至上海，住在表弟俞大纲家，与两个大女儿会合。1949年1月中旬搭船转往广州岭南大学任教。

第 6 章

栖身岭表

南下广州

1948 年 12 月 15 日下午，陈寅恪一家与胡适等人同机从北平飞抵南京，国民党政府主管文化学术的官员王世杰、朱家骅、杭立武、傅斯年、蒋经国等人来到机场迎接，握手寒暄，致以慰问。陈寅恪随同胡适在南京住了一个晚上，第二天乘火车到上海，住在"姻连中表，谊属师生"的表弟俞大纲家。其次女小彭原先在南京上学住在俞大维家，已先到俞大纲家，一家人在上海得以团聚。

陈寅恪在上海安顿下来以后，经商议决定写信与广州岭南大学校长陈序经联系，问"可否南来休养一个时期"。早在1948 年七八月间，陈序经答应出任岭南大学校长时，就曾到北平、香港等地拜访著名学者、教授，为岭南大学物色、聘请知名学者。在此期间曾拜访陈寅恪，邀请陈寅恪到岭南大学任教，陈寅恪当时虽没有答应，但为此时去岭南大学埋下了伏笔。陈寅恪考虑到广州地处南国，气候温暖，内战炮火尚未燃及，故致信陈序经，意欲先到广州停留。陈序经回信盛情邀请，陈寅恪遂决定到广州岭南大学任教。

岭南大学前身是美国传教士筹办的"格致书院"，1904年由澳门迁回广州，1921年升格为大学，是教会办的私立大学。1948年，陈序经接受岭南大学美国基金会的聘请出任校长。

1949年1月16日，陈寅恪一家由上海乘坐招商局的"秋瑾"号轮船向广州进发。经过几天的海上航行，客轮抵达广州的渔珠码头。陈序经派曾在西南联大工作多年与陈寅恪夫妇熟悉的卢秘书带学校交通船已在码头等候，陈寅恪一家及行李在卢秘书等人的帮助下上了学校交通船直抵岭南大学学校码头。陈序经亲率文学院师生迎接，其中包括陈寅恪的故旧冼玉清、容庚及清华研究院时的学生王力等人。陈寅恪一家被安置在学校西南区五十二号宿舍，从此开始了陈寅恪在南国广州生活的最后二十年。

陈寅恪到岭南大学任教，在学校引起了震动。到校的第二天，即1月20日，《岭大校报》登出了"本校聘请到名教授陈寅恪"的消息。该报称陈寅恪"精通十余国文字，西洋汉学家伯希和等曾从陈先生学中国史，壮年即享盛名。……（本校王力院长亦出其门下）一九四二年由英国牛津大学聘为正教授，此为我国罕有之荣誉，终以健康关系归国。陈先生以史学驰名海内外，……其博学为学术界所公认。去年国立中央研究院院士选举，陈先生荣膺院士之选"云云。陈寅恪在岭南大学第一次正式亮相，评价之高，甚为少见。陈序经出任岭南大学校长时就形成了自己的办学思路与特色，"一手抓教授，一手抓经费"，把聘请名教授作为办好大学的第一要务，应该说陈序经抓住了办好大学的关键。而把陈寅恪延聘到校是他"一手抓教授"的成功之作，因此，对陈寅恪的安置及诸种待遇都亲自安排。据记载，给予陈寅恪的工资待遇是全校最高的，另外还给予了一些特殊津贴。

陈寅恪对陈序经及岭南大学所给予的待遇很是满意，投之以桃，报之以李，陈寅恪到岭南大学报到后就以残疾之躯全心地投入教学和学术研究之中，仍如在清华大学时一样，同时在中文系和历史系各开一门课。当时岭南大学历史专业较弱，尚未独立成系，与政治专业合为历史政治学系。在中文系开设了"白居易诗"课程，在历史政治学系开设了"唐史"课。另外，在教课、备课之余进行学术研究。他到达广州的第一年，在《岭南学报》第 10 卷第 1 期（1949 年 12 月出版）就刊载四篇论文，即《白乐天之思想行为与佛道之关系》《论元白诗之分类》《元和体诗》《白乐天与刘梦得之诗》。这四篇文章是他 20 世纪 40 年代诗史互证研究内容和方法的继续，也是《元白诗笺证稿》一书的组成部分。

截至 1952 年底，陈寅恪先后在《岭南学报》《南国》等岭南大学刊物上发表了《从史实论切韵》《白乐天之先祖及后嗣》《论唐高祖称臣于突厥事》《论隋末唐初所谓"山东豪杰"》等论文，共计十三篇。从《岭南学报》第 9 卷第 2 期开始，几乎每一期都有陈寅恪的论文刊出，直到该学报在 1952 年停刊。这完全可视作陈寅恪对岭南大学知遇之恩的一种回报。

此外，从 1949 年至 1952 年，陈寅恪先后完成《论韩愈》《记唐代之李武韦杨婚姻集团》《述东晋王导之功业》等十篇新论文，尤其是《论韩愈》尤为史界推崇。在这三年间，陈寅恪先后完成及分别刊行的论文超过十万字。其文思泉涌，见解精妙，笔力尤勤，论史以抒通古今之慨，这些都为后人理解岭南大学期间陈寅恪生活状况和心理状态提供了可靠的依据，证明陈寅恪在岭南大学时期生活安定，心境淡静，身体状态良好，能够安下心来从事学术研究。

树欲静而风不止。陈寅恪在广州岭南大学生活的时期正是解放战争激烈进行期间，虽然国民党政权在大陆败局已定，但战火尚未在南国展开，可是时间仅过几个月，广州局势开始紧张起来，外界的纷扰打破了陈寅恪一家相对平静的生活。

1949年1月21日，在国共战争中连遭失败的蒋介石宣布引退，总统一职由副总统李宗仁代理。4月21日，解放军百万雄师渡过长江，国民党狼狈南逃。6月11日，国民党政权在广州组织了"战时内阁"，阎锡山出任行政院长，朱家骅任副院长，其中有两个学人出身的人物担任了在当时变得异常重要的职务：一是杭立武任教育部长，一是叶公超代理胡适任外交部长。杭立武是国民党"抢运学人计划"与"抢运两院古物"最有力的倡议者。叶公超，原清华大学及西南联合大学教授，曾出任过外国文学系主任一职，陈序经和陈寅恪，与杭立武、叶公超等人关系都比较密切。

杭立武一直未遗忘在岭南大学的"二陈"。他曾多次派人劝说陈序经动员陈寅恪离开大陆。陈序经一直没有答允。杭立武同样懂得二陈的价值，多次碰钉子后退而求其次，力劝二陈不妨先到香港看看情形再说。9月，杭立武拉着"战时内阁"的财政部长徐堪最后一次急匆匆地赶到岭南大学，亲自向陈序经摊牌，要陈序经一同前往劝说陈寅恪与姜立夫到香港。杭立武对陈序经说，如果陈寅恪答应去香港，他马上给陈寅恪十万港币及新洋房。陈序经当即回答："你给十万我给十五万，我盖新房子给他们住。"杭立武带着财政部长一同劝说，大概有即时兑现之意。

陈序经的回答自然是气话。他不可能给陈寅恪十五万港元，他也没有给陈寅恪盖新房子。杭立武似乎直到最后也不明白，二陈人生的价值取向，远非世人所看重的金钱、房子所能衡量。

直到10月初，叶公超主持的外交部还在广州办公，还在为国民党认为必须要离开大陆的各色人员办理出境护照。换句话说，直到这时二陈若想离开大陆，随时都有机会。但陈序经与陈寅恪，显然始终都没有离开大陆的想法。

陈寅恪坚决不出境有着很深刻的原因，这里暂且不提。陈寅恪直到被迫害至死也许都不一定知道，正是他坚决不出国这一点，帮助他渡过了在极"左"路线下面临的许多难关。陈寅恪也没有料到他身后的十多年间，关于他是否想去台湾这个问题引发了一场笔墨论战。

当时想接陈寅恪去台湾的是傅斯年。1948 年 11 月，国民党政府任命傅斯年为台湾大学校长，目的是"一则可以照料中央研究院的迁台，二则可以收容国内各地的重要教授"。傅斯年虽然曾犹豫，但最后接受了任命。于 1949 年 1 月 19 日去台湾大学就职。傅斯年出任台湾大学校长后，很想有一番作为，对台湾大学进行一番改造。首先致力聘请一些名教授，陈寅恪自然是他积极罗致的人选。他曾函电交加，催促陈寅恪去台湾大学任教，并为陈寅恪教学和科研作了具体安排。但是陈寅恪本人不愿去台湾，他后来谈及此事说："当广州尚未解放时，伪中央研究院历史语言研究所所长傅斯年多次来电话催往台湾。我坚决不去。至于香港，是英帝国主义殖民地，殖民地的生活是我平生所鄙视的，所以我也不去香港，愿留在国内。"

陈寅恪虽没有去台湾，但他与傅斯年数十年的情谊却没有隔断。1950 年 12 月，傅斯年在台湾猝然去世，陈寅恪得到消息后十分伤感，鉴于当时的形势下不能著文公开哀悼，特用隐喻的姓氏写诗悼念，这就是著名的《霜红龛集望海诗云"一灯续日月不寐照烦恼不生不死间如何为怀抱"感题其后》："不生不死最堪伤，犹说扶余海外王。同入兴亡烦恼梦，霜红一枕已沧桑。"其中以傅青主暗喻傅斯年，傅斯年在海外去世，生死两隔，沧桑互变，再无机会见面。诗写成后，分赠有关人员，一来表示悼念，二来通报傅斯年去世的消息。邓广铭回忆说：

"1950年底，傅先生去世了，次年春，我们得知这个消息，都有说不出的悲痛，陈寅恪当即写了一首诗《读傅青主〈霜红龛集〉有感》，寄给我和乐焕等几个人看。我们看了之后就知道，这是陈先生借咏傅山其人来悼念傅先生的。"

陈寅恪1949年初南下广州，在岭南大学受到陈序经的礼遇，生活环境和学术研究环境都相当优越，再加上陈寅恪对国民党政权的专制、腐败有深刻的认识，所以他不愿意离开大陆，尽管胡适、傅斯年、杭立武等好友都曾敦劝他去台湾或香港，结果却遭到陈寅恪的拒绝，他愿意在大陆颐养天年。

拒迎北返

1949年10月，中华人民共和国成立，社会秩序逐步建立，各种事业正常开展。鉴于陈寅恪的学术地位及在社会各界的影响，北方学术界都希望陈寅恪返回北京，从事学术领导和研究工作。北方学术界争取陈寅恪北返的工作从1949年10月开始，直至1954年。虽然陈寅恪最后拒绝了各方面的邀请，但其间颇多周折，间接反映了陈寅恪的社会生活态度和所坚持的学术政治立场。

1948年12月，陈寅恪随胡适乘飞机仓促南下，经上海到广州，任职于岭南大学。而此转移过程正是中国大变革、大动乱时期，所以陈寅恪没有与清华大学及有关方面进行联系，亦没有获得有关方面的准允。

1949年11月，清华大学的正常教学秩序、学校各种教学研究开始恢复。学校主要领导人、校务委员会主任委员叶企孙，副主任委员吴晗联合致电陈寅恪，敦请其返清华大学工作。陈寅恪接电后迅速回电，陈明不能返回清华大学任教的原因，随即补寄一信，详细陈述了不能返回清华大学工作的原因。

企孙、春晗两兄同鉴：顷奉迥电嘱令即返校任教，当即复一电，其文云：因岭大关系难即返，函详。想已先此函达览。电中所谓岭大之关系者，即弟在岭大其薪水系向华侨募捐而来，岭大当事人曾向捐款人言，在此聘约期内弟不他往。故弟今夏受其一年聘约时，已同意此点，以免岭大失信于人，此弟所以不能即返之最大原因也。又北地苦寒，煤炭火炉设备等等，耗费极巨，值此时艰，北地此项御寒工具，恐亦更难与昔比，弟性畏寒，兄等所凤知者也。又第二小女小彭，今夏已考入岭大农学院。岭南规章，每一学生之学杂等费，其数甚巨，约合数百美元，惟教员子弟，可以优待，若弟一旦他去，小女又不能中途转学，则亦颇困难，此等又其小原因也。遭此兵戈之际，累承诸友关念，感激之忱，何可言喻。实有苦衷，未能遵命即返，想亦能蒙鉴原者也。

从信中可以看出，陈寅恪不能返清华大学工作的主要理由有三个：一是已与岭南大学签约而不能停废；二是自己畏寒，不便北返；三是二女儿小彭已考入岭南大学，难以中途转学。从信中看不出有政治方面的原因。信中除向叶企孙、吴晗致意外，还请叶、吴代向冯友兰、雷海宗、邵循正、周一良、王永兴等同事友人致意，从信中可见陈寅恪与清华大学领导、同事及师生具有相当深厚的感情。

新中国成立后，中国共产党对知识分子的政策不断调整，而学术界顺应形势发生变化，其中一项重要的政策就是对知识分子进行教育和改造。1950年6月，毛泽东在《不要四面出击》中指出："对知识分子，要办各种训练班，办军政大学、革命大学，要使用他们，同时对他们进行教育和改造。"在很短的时间内，全国掀起了改造和教育知识分子的热潮，许多学术界人士也自觉地学习马列主义，用马列主义、毛泽东思想改造自己，许多学者发表文章积极响应党的号召，认同马列主义，自觉用以指导自己的思想与实践。而陈寅恪坚持传统的治学方法，坚持"独立之精神、自由之思想"，对学术界的新变化不满。他曾写诗对此种现象进行讽刺："八股文章试帖诗，尊朱颂圣有成规。白头学究心私喜，眉样当年又入时。"很明显，此诗是对一些学者生吞活剥马克思主义理论不满，对当时的学风文风进行讽刺和批评。

时代发生了变化，但陈寅恪在全国学术界的地位和影响没有太大变化，仍被学术界视为最博学的学术权威，北方的学术机构和学术人士仍在努力争取陈寅恪北返，领导全国学术的发展。

1953 年，中共中央为了加强对历史研究的领导，专门成立了历史研究委员会。其成员主要由接受马克思主义理论指导的重要史学家组成，其中包括陈伯达、郭沫若、吴玉章、范文澜、胡绳、翦伯赞、杜国庠等人。历史委员会成立后迅速作出了一些决策，扩大历史研究机构，将原来的中国科学院历史研究所扩增为三个所，创办一份代表新时代历史研究最高水平的刊物《历史研究》，而这两项决策都将陈寅恪罗列其中。在新设立的三个历史所中，郭沫若兼任第一所（中国上古史研究所）所长，陈寅恪任第二所（中国中古史研究所）所长，范文澜任第三所（中国近代史研究所）所长。《历史研究》创刊后设立编辑委员会，陈寅恪名列其中，并在创刊的第二期发表了其论文《论韩愈》。同时，北京的学者也在努力让陈寅恪北返。中国科学院院长郭沫若、副院长李四光都设法劝驾陈寅恪北上任职，最后选中陈寅恪早年的学生和助手汪篯南下劝说迎接陈寅恪到北京任职。

汪篯（1916～1966），1934 年考入清华大学历史系，1938年毕业后因成绩优异被推荐在西南联大跟随陈寅恪从事历史研究，并享受历史语言研究所所长傅斯年为之申请的中英庚款每月三十元的津贴补助。1939年考入北京大学文科研究所攻读研究生，1947年重新回到陈寅恪身边充任助手直到陈寅恪离开北京。在此期间，汪篯吃住在陈寅恪家，由于长期在陈寅恪身边学习和工作，其学术研究深受陈寅恪影响，与陈寅恪有着深厚的感情。

新中国成立后，汪篯于1950年2月在北京大学加入中国共产党。第二年进入北京马克思列宁学院（中央党校前身）学习，接受了马列主义教育，成为一个真诚的马克思主义史学工作者。1953年11月，尚未从马克思列宁学院毕业的汪篯携带郭沫若和李四光的亲笔信南下广州，承担着恭迎陈寅恪北返的使命。

坚持己见

汪篯到达广州后直奔中山大学陈寅恪家中，还像往常一样没有把自己当作外人。但是汪篯不知道，分离五年，全国形势和他个人思想意识都发生了重大变化，而陈寅恪的生存状态和思想意识却没有多大变化，因此对现实中学术界的变化不适应，对某些社会现象看不惯，对许多学术领域的改革措施和政策有抵触心理。而这一切汪篯并不了解，与陈寅恪见面后，按照以前师生相处时的方式，面交了郭沫若、李四光的信，又以"教育开导的口吻"直言无忌地劝说陈寅恪北返，接受新任命。陈寅恪对此很不高兴。第二天早晨，陈寅恪让妻子唐筼代表他提出北上到中国科学院任职的两个条件：

一、允许研究所不宗奉马列主义，并不学习政治；

二、请毛公或刘公给一允许证明书，以作挡箭牌。

所谓"毛公""刘公"，即指毛泽东与刘少奇。陈寅恪让唐筼将此两个条件写于纸上，明确要求汪篯带回北京，以示并非空口无凭。

12 月 1 日上午，陈寅恪同汪篯作了一次长谈，口述一篇长文作为对中国科学院总答复，全文如下：

我的思想，我的主张完全见于我所写的王国维纪念碑中。王国维死后，学生刘节等请我撰文纪念。当时正值国民党统一时，立碑时间有年月可查。在当时，清华校长是罗家伦，他是二陈（CC）派去的，众所周知。我当时是清华研究院导师，认为王国维是近世学术界最主要的人物，故撰文来昭示天下后世研究学问的人。特别是研究史学的人。我认为研究学术，最主要的是要具有自由的意志和独立的精神。所以我说："士之读书治学，盖将以脱心志于俗谛之桎梏。""俗谛"在当时即指三民主义而言。必须脱掉"俗谛之桎梏"，真理才能发挥，受"俗谛之桎梏"，没有自由思想，没有独立精神，即不能发扬真理，即不能研究学术。学说有无错误，这是可以商量的，我对于王国维即是如此。王国维的学说中，也有错的，如关于蒙古史上的一些问题，我认为就可以商量。我的学说也有错误，也可以商量，个人之间的争吵，不必芥蒂。我、你都应该如此。我写王国维诗，中间骂了梁任公，给梁任公看，梁任公只笑了一笑，不以为芥蒂。我对胡适也骂过。但对于独立精神，自由思想，我认为是最重要的，所以我说"唯此独立之精神，自由之思想，历千万祀与天壤而同久，共三光而永光"。我认为王国维之死，不关与罗振玉之恩怨，不关"满清"之灭亡，其一死乃以见其独立自由之意志。独立精神和自由意志是必须争的，且须以生死力争。正如词文所示"思想不自由，毋宁死耳。斯古今仁贤所同殉之精义，其岂庸鄙之敢望"。一切都是小事，惟此

080

是大事。碑文中所持之宗旨，至今并未改易。

我决不反对现在政权，在宣统三年时就在瑞士读过《资本论》原文。但是我认为不能先存马列主义的见解，再研究学术。我要请的人，要带的徒弟都要有自由思想，独立精神。不是这样，即不是我的学生了。你以前的看法是否和我相同我不知道，但现在不同了，你已不是我的学生了。所有周一良也好，王永兴也好，从我之说即是我的学生，否则即不是。将来我要带徒弟，也是如此。

因此，我提出第一条："允许中古史研究所不宗奉马列主义，并不学习政治。"其意就在不要有桎梏，不要先有马列主义的见解，再研究学术，也不要学政治。不止我一人要如此，我要全部的人都如此。我从来不谈政治，与政治决无连涉，和任何党派没有关系。怎样调查，也只是这样。

因此，我又提出第二条："请毛公或刘公给一允许证明书，以作挡箭牌。"其意是毛公是政治上的最高当局，刘少奇是党的最高负责人。我认为最高当局也应和我有同样看法，应从我之说，否则，就谈不到学术研究。

至于实际情形，则一动不如一静，我提出的条件，科学院接受也不好，不接受也不好。两难。我在广州很安静，做我的研究工作，无此两难。去北京则有此两难。动也有困难。我自己身体不好，患高血压，太太又病，心脏扩大，昨天还吐血。

你要把我的意见不多也不少地带到科学院。碑文你带去给郭沫若看。郭沫若在日本曾看到我的（挽）王国维诗。碑是否还在，我不知道。如果做得不好，可以打掉，请郭沫若做，也许更好。郭沫若是甲骨文专家，是"四堂"之一，也许更懂得王国维的学说。
那么我就做韩愈，郭沫若就做段文昌，如果有人再做
诗，他就做李商隐也很好。我（写）的碑文已流传出
去，不会湮没。

从陈寅恪的口述可以看出：这个所谓的答复，是他一生学
术研究的理念和为人处世原则的系统陈述，也是对邀请他北上
任职的婉拒。

汪篯带着答复回到北京，向有关方面进行汇报，从后来反
响可以看出，当时领导层没有放弃争取陈寅恪到北京任职。可
是在陈寅恪看来，失去了自由意志和独立思想的学术根本就不
成其为学术。虽然他的要求得到了周恩来的肯许："可以答应
陈寅恪的要求，只要他到北京来。一切都会变的。当年动员老
舍从美国回来，老舍也提出了个条件：不反美，不发表反美言
论。可是他回国不过一两年，就变了。"可惜的是陈寅恪最终
还是没有成行。其所作《答北客》、复郭沫若信、复杨树达信
真实记载了在此期间陈寅恪对现实社会的思想态度。他在答郭
沫若信中说：

沫若先生左右：手示敬悉。尊意殷拳，自当勉副。
寅恪现仍从事于史学之研究及著述，将来如有需要及稍
获成绩，应即随时函告并求教正也。专此奉复。

陈寅恪回信中"尊意殷拳，自当勉副"应当是对郭沫若有
所期望的回复，应该与合作共事方面有关。

1954 年 7 月，陈寅恪复信杨树达，陈述自己不愿去北京任
职的原因。信中说：

前屡承寄示大作，今日有此等纯学术性著述之刊
行，实为不可多得之幸，幸甚！喜甚！佩甚！……
先生平生著述科学院若能悉数刊布，诚为国家一
盛事，不识当局有此意否？弟畏人畏寒，故不北行，

去冬有一短诗，附呈以博一笑。

答北客：

> 多谢相知筑菟裘，可怜无蟹有监州。
> 柳家既负元和脚，不采蘋花即自由。

陈寅恪《答北客》诗一句一典，其主要含义是不愿再回北方任职，其原因是，北京方面虽对其任职进行了安排，但生活要求无法得到满足，还要受监督和制约，自己的学术理念与现行的要求也不一致，不如在此地自由安适地进行学术研究。

学界旗帜

1954 年 1 月，陈寅恪拒绝去北京中国科学院任职，继续留在中山大学历史系任教。中山大学自 1952 年与岭南大学合并以后，历史系师资实力大大增强，一时名家荟萃，人才济济，陈寅恪、岑仲勉都是闻名全国的一流学者，刘节任系主任。刘节是清华国学研究院第二期学生，1946 年开始任中山大学历史系教授，以研究先秦史、中国史学史知名于学术界，是陈寅恪的及门弟子，为人重志节，守传统。据记载，他对陈寅恪特别尊敬，每年春节，他必到陈寅恪家行跪拜礼。"文化大革命"中他自己经受了无数次批判，而当陈寅恪受批判时，因陈寅恪失明膑足，无法行动，刘节主动请求代老师接受批判。批判结束，有人问其感受，他自豪地说："我能替老师接受批判，感到无比兴奋。"刘节替老师接受批判的佳话传诵一时，由此证明刘节的人格和志节。梁方仲亦是清华国学研究院的学生，稍晚于刘节，以研究明代经济史而知名。杨荣国原为湖南大学教授，1953 年调入中山大学历史系，专长是中国古代思想史与哲学史，"文化大革命"时期以尊法反儒而名重一时，成为"文革"后期学界瞩目的风云人士。另外历史系还有一批崭露头角的中青年学者。据说，20世纪50年代中期全国高校评定职称，陈寅恪由于在全国学术界的地位而理所当然地被评为一级教授，也正因为陈寅恪评为一级，其他教授包括岑仲勉在内因无法企及而只好屈就二级，所以中山大学历史系陈寅恪为一级，岑仲勉、刘节、梁方仲等为二级，再加上一批中青年学术界骨干教师，以阵容齐整、结构合理而闻名全国。

陈寅恪在中山大学生活的大环境也比较宽松。中山大学与岭南大学合并后，从1954年开始，实行校长负责制，校长由许崇清担任，许崇清是岭南一位资深的教育家、民主人士，民国时期曾担任广东省教育厅长、中山大学校长。主持党政工作的冯乃超是一位知名的文化界人士，出生于日本一个华侨商人家庭，其祖父在日本经商时积极支持孙中山从事反清革命活动，其叔父冯自由是国民党政权的元老。冯乃超1927年自日本留学回国后，与郭沫若、成仿吾等人团结合作，成为著名左派文学团体创造社后期的重要成员，并在这个时期加入共产党，可以说中山大学主要党政领导都是学术界、教育界的资深人士，中山大学主要党政领导人都对陈寅恪的学术地位与成就有所认识和了解，对陈寅恪本人也相当尊重和照顾。

中山大学与岭南大学合并后，陈寅恪开始专任历史系教授。陈寅恪虽然双目失明，但仍然坚持为历史系高年级开课，先后讲授了"两晋南北朝史""隋唐史""元白诗正史"等课程。这三门课程应该说是陈寅恪在清华大学、西南联大坚持开设的课程，"每门课程他都有大量成果问世，讲课的内容应当是早已滚瓜烂熟，即使在课堂上随便讲述，也会毫不费力并且绝对不会错"。但是陈寅恪仍然坚持传统学风，认真备课、讲课，一丝不苟，不因自己双目失明、年老体弱和讲授多次而有所松懈，保持一贯传统和做法，在上课前让助手准备好上课时应给学生的参考资料，把某书某页某条及他写的有关文章找出来或者抄录出来，交给学校油印或打印，以便上课时发给学生。由于陈寅恪行动不便，学校给予特殊照顾，让选课学生上门候教，陈寅恪住处的走廊作为简易教室，在墙壁上挂一块小黑板，让助手把他已逐条查对过的材料中关键的词语，比较难懂的人名、地名先写在黑板上。每到上课的时间，陈寅恪坐在黑板前讲授，学生就坐在他对面的椅子上听讲，有时听讲的学生较多，走廊上的椅子不够坐，就从陈寅恪家中拿椅子坐。

陈寅恪在中山大学历史系给高年级学生授课时，已是著作等身、名满天下的学者，所以历史系学生以能选他的课为荣。当时的教务长曾在一份报告中叙述："四年级学生如陈仿、邹文光、曹国祉等（可能还有一些），对陈（寅恪）甚为崇拜，曹曾表示，替陈扫地服役，亦甚愿意。"曾在陈寅恪身边受教多年的胡守为曾回忆说："无论什么时候，他上课一定穿着整齐，夏天去上课，家人说胡先生来了，他马上放下工作，到二楼去，把长袍穿上，才下来上课，这点对我的教育很深"，"陈先生这种致力于教育事业，认真教学的态度，我至今仍以为榜样"。陈寅恪的助手黄萱曾叙述说："以陈先生当时的健康情况，倘无一种巨大的坚毅精神，是不可能坚持教学和研究工作的。他曾说人家必会以为我清闲得很，怎能知道我是日日夜夜在想问题，准备教学和做研究工作的。"

陈寅恪学术水平高，备课、讲课认真，中山大学师生把陈寅恪视为不可企及的高峰，所以他上课时，不仅学生慕名前去听课，就连文史系的一些中青年教师、一些知名学者都认真听过他的课。1953年中山大学专门组织历史系、中文系等文科教员，集体前往陈宅听课。所以中文系一位教授对人"谈起史学大师陈寅恪先生学识的博大精深"时说："陈先生的课引经据典，一般的年轻人是无法听懂的，连当他的助教也不容易。"1954年5月2日晚，在历史系举行的"尊师爱生晚会"上，刘节向到会师生介绍了陈寅恪、岑仲勉两位老教授的学术成就和教学上的动人事迹，之后，全体师生将绣有"诲人不倦"和"循循善诱"八个大字的两面锦旗，在热烈的掌声中分别献给两位老学者。这些都足以看出，历史系师生对陈寅恪是何等的崇敬，广大师生都把他当作学习的榜样、努力的方向。应该说，在解放初期，陈寅恪在中山大学是学术研究的一面旗帜，受到普遍的赞誉和尊敬。

告别教坛

陈寅恪一生主要活动于教育领域，从事教学和学术研究，作为一个历经晚清、民国和新中国的知识分子，不论教书还是学术研究，他都信奉"独立之精神，自由之思想"。虽然生活环境发生了数次大的变化，但他所坚持的思想理论信念和治学原则始终没有变化。可是，从 20 世纪 50 年代开始，中国共产党对文化教育界的政策和策略不断变化，陈寅恪固守的理念和坚持的治学原则与迅速变化的社会形势和意识形态经常处于矛盾和冲突之中，陈寅恪曾对此有深刻的感受，并对此种矛盾和冲突进行过论述。他曾说："纵览史乘，凡士大夫阶级之转移升降，往往与道德标准及社会风习之变迁有关。当其新旧蜕嬗之间际，常呈一纷纭综错之情态，即新道德标准与旧道德标准，新社会风习与旧社会风习并存杂用。各是其是，而互非其非也。斯诚亦事实之无可如何者。虽然，值此道德标准社会风习纷乱变易之时，此转移升降之士大夫阶级之人，有贤不肖拙巧之分别，而其贤者拙者，常感受苦痛，终于消灭而后已。其不肖者巧者，则多享受欢乐，往往富贵荣显，身泰名遂。其故何也？由于善利用或不善利用此两种以上不同之标准及习俗，以应付此环境而已。"陈寅恪此论虽然是针对元稹诗所发的议论，但也是对人的道德标准与社会风习关系变化的通论，从某种意义上说，也可视为他一生际遇的总结。

新中国建立之初，陈寅恪对共产党不甚了解，但他对国民党政权认识比较深刻，他认为国民党统治不得人心，败亡是必然的。而共产党夺取政权，建立新中国，陈寅恪在初期尚存观望态度。随着时间的推移，全国政权逐步稳固，开展一系列政治运动，加强对意识形态的控制，陈寅恪虽远在岭南，却无法置身运动之外。1952 年，全国进行对知识分子的思想改造运动，陈寅恪因身体有病被特许不参加学校的政治学习和思想改造运动，但他关注运动的发展。当时北京的一些学者，其中有些是陈寅恪过去的同事和学生，他们自觉接受改造，努力学习马克思列宁主义的理论，对自己过去的学术研究理论和方法进行反省和批判。陈寅恪对此不以为然，认为这些人是趋势附俗，曲学阿世。他曾对前去拜访的友人明确表示对这部分人的不满，并且写《男旦》等诗进行讽刺，认为这些人缺少读书人的气节。

1954 年，国内思想文化界开展对俞平伯《红楼梦研究》和胡适思想的清算和批判。胡适、俞平伯是陈寅恪昔日的朋友和学生。一些人出于各种原因，自愿或被迫站出来写文章对其进行批判，极少数人保持沉默。据说与胡适关系较深的汤用彤因被动员写文章批判胡适、俞平伯，思想压力过大，当天夜里中风。陈寅恪与胡适、俞平伯亦是多年好友，对全国大规模讨伐式的批判看不惯，而对积极参与批判的同事、学生表示不满。他自己没有参加一次批判会，亦没有写过有关的批判文章，反而通过某种方式向俞平伯表示同情。

在批判俞平伯《红楼梦研究》和批判胡适资产阶级唯心主义思想体系的运动中，领导中山大学运动的一位领导人开始点名批评陈寅恪。此人当时是中山大学的党委书记兼副校长龙潜。他在一次会议上点名批判陈寅恪思想陈旧腐朽，并讽刺学术界将这样的人捧得那么高，还故作幽默地说，读陈寅恪的著作不如读《孽海花》，在另一次会议上当众朗读陈寅恪的几首诗，还意犹未尽地即兴吟诗讽刺嘲笑陈寅恪。龙潜在中山大学工作期间因作风粗俗不适宜在高校工作等原因于1956年奉调回京。1957年整风运动期间，中山大学师生强烈要求龙潜返校参加整风，接受群众的审查。广东省委在给中央的报告中强调："龙潜在中大工作期间所犯错误在群众中造成了不良的政治影响，使党的威信遭受很大损失"，其中一项便是讲话随便，侮辱广大教师的人格，对陈寅恪的嘲讽就是一例。龙潜在中山大学的检讨中特别说明："对陈寅恪的问题考虑不周到，和他三首诗，在会场上念了两句。后来到北京，许多领导同志都问到陈寅恪，知道问题不简单。"龙潜所说的领导同志包括周恩来、朱德、陈毅、林伯渠等党和国家领导人，其中周恩来、朱德、陈毅等与陈寅恪同时留德，相互了解，林伯渠则是陈寅恪留日同学。龙潜在中山大学参与整风期间也曾登门向陈寅恪道歉，作了自我批评。事后陈寅恪曾对人说："龙某到了北京以后还到中央告我，碰钉子以后才静下来。"应该说，从1949年新中国建立到1957年的八年，是陈寅恪与新政权相互磨合的时期。他对新政权存有观望心理，尽量远离政治，从事专业教学与学术研究，对国家所实施的政策和发起的运动虽时有评论和批评，但在各级领导的关心和照顾下，尚未受到严重的冲击。相反，国家领导人和广东省委、中山大学的领导都曾不同程度地对陈寅恪给予政治、生活诸方面关怀和照顾，整体上说，陈寅恪的生活相对平静。

1957年，全国性"反右派"运动开始，陈寅恪因双目失明、身体多病没有参加运动，再加上上层领导人的有意保护，他躲过了被打成右派的灾难，但仍被划入"中右"范围给予监控。但是，在中山大学，以学生大鸣大放大字报为主要形式的运动已席卷各个角落。有人统计，从 1957 年 11 月 27 日至 12 月 20 日，在不到一个月的时间里，在中山大学校园就贴出大字报近 12 000 张，召开各种座谈会 1 376 次。这些大字报虽说没有点陈寅恪的名，但已对其进行批评，其中说：有些人教学脱离实际，既拿高工资，高稿费，又生活待遇非常优厚，终日养尊处优。对陈寅恪来说，他的物质生活由于特殊的身体状况和社会地位得到照顾，但他一直从事繁重的学术研究和教学任务，待遇优厚尚可说得过去，终日养尊处优则不是事实。

1958 年，中国大地上政治运动连续不断。5 月 16 日，郭沫若致信北京大学历史系学生，6 月 11 日，《人民日报》以《关于厚今薄古问题》为题目刊发了此信。在信中将陈寅恪作为资产阶级历史学家点了名，信中说：

> 资产阶级的历史学家只偏重史料，我们对这样的人不求全责备，只要他有一技之长，我们可以采用他的长处，但不希望他自满，更不能把他作为不可企及的高峰。在实际上我们需要超过他。就如我们今天在钢铁生产等方面十五年内要超过英国一样，在史学研究方面，我们在不太长的时间内，就在资料占有上也要超过陈寅恪。这话我就当到对陈寅恪的面也可以说。"当仁不让于师"。陈寅恪办得到的，我们掌握了马列主义的人为什么还办不到？我才不相信。一切权威，我们都必须努力超过他！

郭沫若在文中虽然对陈寅恪的口气比较尊重，用"当仁不让于师"的字眼把陈寅恪定位到"师"的层面，但同时把陈寅恪推到了对立面，成为没有掌握马列主义的资产阶级史学家，树起了将陈寅恪点名批判的靶子。6 月，在中山大学，陈寅恪被点名批判，大字报中使用了"拳打老顽固，脚踢假权威""烈火烧朽骨，神医割毒瘤"等侮辱人格的语言。虽然学校一度出面制止带有谩骂意味的批判方式，指示历史系在"批陈"问题上要慎重，在批陈前，必须要先研究陈寅恪的著作。7月中旬，批判陈寅恪的大字报高潮再次掀起，所不同的是，这次批判是对陈氏著作作过"研究"的历史系青年教师及学生为主，重点是批判陈寅恪的史学思想与史学研究方法。尽管这次批判没有再点陈寅恪的名，但学校上下几乎所有人都知道批判的重点对象是陈寅恪，指斥陈寅恪的学术是"误人子弟"的"伪科学"，陈寅恪本人是"中山大学最大的一面白旗"。

陈寅恪了解了大字报对自己攻击的内容，尤其是学生在大字报中攻击自己不顾目盲体弱努力教学是"误人子弟"，既伤心又气愤，上书中山大学校长，表示：一、坚决不再开课，以免"贻误青年"；二、马上办理退休手续，搬出学校，到外面居住。学校当局自然不会答应陈寅恪的要求，仍然坚持安排陈寅恪带研究生上课，但陈寅恪坚持不再上课，曾对劝其重新开课的人说："只要毛主席和周总理保证不再批判我才开课。"后人曾经评论，陈寅恪此语表面看不乏书生气，实质是孤傲性格的一次痛快发泄。无论怎样评论和解释，事实是陈寅恪从此离开了讲坛，躲进书斋从事学术研究。

暮年"膑足"

从1958年开始，陈寅恪坚持不再上课，但仍坚持学术研究，同时也关心时局变化。1959年西藏上层叛国集团策动武装叛乱，印度政府和一些帝国主义国家政府勾结，挑起中国边界冲突，陈寅恪坚定地站在爱国的立场谴责印度侵占我国领土，以历史学家的责任感明确指出：西藏是中国领土，不容分割！同时举出清代的史料证明：现在地图上的习惯边界线我国已经吃亏了，原来的版图界限应更向前，绝对不是麦克马洪线。他坚决拥护国家政府为维护国家统一、领土完整所采取的方针、策略和措施。在 4 月份举行的全国政协会议上，陈寅恪当选为全国政协常委。同时，党的知识分子政策调整，学校为纠正历史系对陈寅恪的过火批判而采取了一些补救措施，为陈寅恪进行学术研究创造了条件，配备了两名助手帮助他写作和查找资料，同时对陈寅恪生活也开始给予特殊照顾，其生活又进入了一个相对安定的时期。对陈寅恪这个时期的生活、思想状况，他的老友吴宓有详细的记述。

1961 年夏天，吴宓长途跋涉，自重庆赴广州看望陈寅恪，他的观察和记述为我们了解这个时期的陈寅恪提供了第一手资料。吴宓 8 月 30 日晚上记述他与陈寅恪的谈话情况："寅恪兄说明宁居中山大学较康乐便适（生活、图书），政府于是特致尊礼，毫不系于苏联学者之请问也！此后政府虽再三敦请，寅恪兄决计不离中山大学而入京：以义命自持，坚卧不动，不见来访之宾客，尤坚决不见任何外国人士，不谈政治，不评时事政策，不臧否人物……决不从时俗为转移。"

8 月 31 日，吴宓专访陈寅恪，陈寅恪向吴宓叙述他在广州十二年中总的生活状况和感受。吴宓记叙说：寅恪"专述十二年来身居此校，……而能自由研究，随意研究，纵有攻讦之者，莫能撼动；然寅恪兄自处与发言亦极审慎，即不谈政治，不论时事，不臧否人物，不接见任何外国客人。尤以病盲，得免与一切周旋，安居自守，乐其所乐，不降志，不辱身，堪诚为人所难及"。在历次政治运动中，均有人提出"陈寅恪以年老多病为借口，逃避政治运动"，认为不应让陈寅恪逍遥运动之外。正因为能以病盲为由避免一切周旋，坚不降志的陈寅恪，终能在历次政治运动中保持了一块罕见的"清静之地"，得以不太受干扰完成其晚年的两部重要著作。

吴宓在日记中重点记述了陈寅恪当时的生活环境和生活态

度，概括地说他一直没有融于当时社会之中，与社会保持距离，只是以谨言慎行来应付社会。

在这次会面中，陈寅恪也谈了国家民族在世界风云变化中的大政方针，坚持独立的地位，弘扬民族文化。吴宓记述说："坚信并力持：必须保有中华民族之独立和自由，而后可言政治与文化。若印尼、印度、埃及之所行，不失为计之所得者。反是，则他人之奴仆耳。"陈寅恪的观点在当时也许没有得到充分的注意，而在后来的历史发展中得到验证。

陈寅恪与吴宓是诗友，一生坚持诗词往返，以诗述意。吴宓此次专程赴广州探访，两人自然要互相奉和，而在诗的酬答中往往真情流露。在吴宓到广州的第二天，陈寅恪以诗相赠，题为《辛丑七月，雨僧老友自重庆来广州，承询近况，赋此答之》，实际是60年代初陈寅恪对生存状态的自述，全诗如下：

五羊重见九回肠，虽住罗浮别有乡。
留命任教加白眼，著书唯剩颂红妆。
钟君点鬼行将及，汤子抛人转更忙。
为口东坡还自笑，老来事业未荒唐。

其中"留命任教加白眼，著书唯剩颂红妆"两句尤为可圈可点。"加白眼"三字，极传神地表达了其时陈寅恪身处的环境。9月3日，吴宓辞行，陈寅恪又赠诗四首，其中第一首反映了陈寅恪的心情与感受。

问疾宁辞蜀道难，相逢握手泪汍澜。
暮年一晤非容易，应作生离死别看。

这首诗最折人肝肠的是诗中显示出一种浓烈的"痛感"。而最后一句则成为不幸而言中的谶语。

人们多用"天有不测风云，人有旦夕祸福"来形容随时随地都可能遭遇灾难。陈寅恪中年盲目，给他后半生以沉重打击。1962年是陈寅恪一生第六个本命年，年满72岁。这一年春节，陈寅恪曾赋诗说："虎岁倘能逃佛劫，合璧连珠别有天。"他在诗的序中曾提到他对本命年的忧虑："寅恪生于光绪庚寅，推命家最忌本运年。"果然他没有逃过劫数，6月10日，他在家中洗澡时不慎跌了一跤，折断了右大腿与股间的接骨，送到医院治疗，主治医生考虑到他年高体衰，决定不再动手术，用保守的方式治疗。据说医院拟定了治疗方案送国务院，由周总理亲自裁定。同时中共广东省委和中山大学领导对陈寅恪骨折也给予特殊的照顾和治疗。陈寅恪在医院住院治疗七个多月，骨折处未能愈合，右腿没有恢复，只能在他人扶助下站起来在椅子上坐一会，多数时间躺在床上。骨折是晚年陈寅恪遭受的又一次重大打击，先夺其目，又断其足，命运带给一个自负、自傲、清高的学者一种无情的摧残，打碎了他一生的梦想。1963年1月21日，陈寅恪离开住了大半年的医院，回到中山大学的家中。时近旧历癸卯年春节，陈寅恪在家生活期间，学校按照广东省的指示，派三名护士二十四小时到陈宅轮流值班，护理和照顾其生活，在用药和治疗及其生活方面，广东省拨了专款，确实给予了特殊照顾。陈寅恪虽然遭受了目盲、"膑足"所带来的痛苦，但也换得了四年相对平静的生活。

在劫难逃

1965年11月10日，姚文元发表了批判北京市副市长吴晗新编历史剧《海瑞罢官》的文章，此文后来被视为"文化大革命"的序曲。吴晗，浙江义乌人，1909年生，1934年清华大学历史系毕业后留校任教。在清华大学读书的几年，受陈寅恪影响很大，毕业后一直在清华大学、西南联大任教，同时从事明史研究，与陈寅恪、胡适、傅斯年保持着密切的学术联系。新中国成立后，吴晗走了半官半学的道路，与陈寅恪中断了联系。但是，陈寅恪对吴晗是了解的，姚文元对吴晗的批判，陈寅恪凭阅历和学识担忧这种批判不是学术论辩，而是文化教育领域内的带有浓厚政治性的激烈斗争。果然不出所料，批判不断扩大和升级，1966 年 4 月，邓拓、吴晗、廖沫沙合著的《三家村札记》被批判，三个作者成为所谓反党小集团——"三家村"，紧接着批判不断升级，迅速蔓延到整个学术界，各地揭发出大大小小的"三家村"和吴晗式的人物。在中山大学，起初党委尚能控制局势，没有把斗争矛头指向陈寅恪，4 月 19 日，党委书记李嘉人在党委会上表示："（是否批判）陈寅恪，我们不敢决定，要请中央决定。"他顶住各方面压力，暂时保护了陈寅恪。1966 年 5 月，中共中央《五一六通知》发表，明确指出："高举无产阶级'文化革命'的大旗，彻底揭露那批反党反社会主义的所谓'学术权威'的资产阶级反动立场，彻底批判学术界、教育界、新闻界、文艺界、出版界的资产阶级反动思想，夺取在这些文化领域中的领导权。"这一段火药味很浓的话，在某种程度上，决定了陈寅恪一代学人的悲惨命运。

1966 年 6 月初，"文化大革命"席卷神州大地，运动中涌现出形形色色的造反派，运用大鸣、大放、大字报、大辩论等形式冲击各级政权和社会组织，整个社会陷于无序和动乱状态。中山大学亦是如此，陈寅恪再次成为斗争的重点对象，遭受严重的冲击。其中有一点较为特殊，就是初期批判的不是学术思想，而是物质生活，斥责陈寅恪多年来大肆挥霍国家和劳动人民的血汗，每月吃进口药物，每天享受"三个半护士"的护理。陈寅恪夫妇听说后，多次声明叙述事实真相，并以书函的形式申述自己的观点和拒绝各种优待。

随着运动的不断升级，陈寅恪在生活和精神上都受到虐待和摧残。1966 年 7 月，陈寅恪工作的助手黄萱被历史系召回，不久校方撤走了所谓"三个半护士"，只保留由陈寅恪自己出资聘用的一个护士。生活上红卫兵也全无顾忌地折磨陈寅恪。陈寅恪神经衰弱，红卫兵在其住处附近安装高音喇叭，从早到晚噪声震耳欲聋，吵得陈寅恪全家心烦意乱，难求安静。这种高音喇叭的噪声对陈寅恪的影响，有人曾回忆说："那时候，挨整的人及其家属都特别害怕高音喇叭，一听到高音喇叭，就战战兢兢，……历史系一级教授陈寅恪双目失明，他胆子小，一听到喇叭里喊他的名字，就浑身发抖……。就这样，终于活活给吓死了。"陈寅恪虽不至于被吓死，但恶劣环境对其的折磨可见一斑。同时各种攻击、批判的大字报覆盖住了陈寅恪的住处甚至屋内床头，红卫兵不时地闯进陈寅恪家中抄家，批判和逼迫陈寅恪坦白交代问题。

1967年1月，随着陶铸的被打倒，对陈寅恪的迫害又有所加剧。陶铸长期担任中南局书记和广东省委书记，主持广东省工作，对知识分子工作相当重视，尤其是对陈寅恪一直坚持优待和保护。1966年，陶铸上调中央任中央书记处书记、国务院副总理、宣传部长，但不到半年，被打成中国最大保皇派，接受隔离调查。因陶铸在广东和中央工作期间一再指示要保护和照顾陈寅恪，所以陶铸被打倒后，红卫兵更变本加厉地折磨迫害陈寅恪。他们常常冲进陈寅恪家里面对陈寅恪夫妇批斗、责骂，反复强迫陈寅恪交代个人历史、社会关系、反动思想及其与陶铸的关系等等。1967年底，唐筼代陈寅恪写的书面检查就达七次之多；至于口头交代，多得无法统计。不过，即使身处逆境，陈寅恪始终保持着学者的凛然气节，如他在第六次交代稿中交代与陶铸的关系时说："他以中南局首长身份来看我。并无私人交情。"此时，揭发、批判陈寅恪的大字报贴进了陈家，不但贴到陈家的门上、墙上，甚至挂满病床周围，犹如祭奠死人的纸幡。唐筼叹息说："人还没死，已先开悼了!"

红卫兵对陈寅恪的批斗不断升级，由上门批斗上升成为抄家。第一批到陈寅恪家中抄查的"革命群众"是中山大学历史系的学生，他们尚知陈家的手稿、书报是学术瑰宝，故抄出来之后贴上封条查封，使这些东西大部分渡过难关。此后经常来抄家的红卫兵，借口"破四旧"，将陈家稍微值钱的东西，悉数洗劫一空，不仅撕毁或焚烧陈寅恪的书籍与手稿，而且抢去唐筼珍藏的个人首饰，"没收"了祖辈遗留下来的文物字画，陈寅恪的一些诗文、手稿，有的至今下落不明。更有甚者，几个暴徒般的昔日学生，竟然在抄家时殴打陈寅恪夫妇。多次抄家后，陈宅几乎家徒四壁。1967年2月，已调任南开大学副校长的陈序经，在"文革"初期被怀疑是"美国特务"和"国民党特务"，被隔离调查，2月16日，在仅有六平方米的临时居所中猝然去世。造反派坚持说陈序经是畏罪自杀，派人到中山大学外调，逼迫陈寅恪交代其与陈序经的黑关系，揭发陈序经的罪行。4月2日，陈寅恪让夫人代写《我的声明》，其中说：

一、我生平没有办过不利于人民的事情，我教书四十年，只是专心教书和著作，从未实际办过事。二、陈序经和我的关系，只是一个校长对老病教授的关系，并无密切的往来。我双目失明已二十余年，断腿已六年，我从来不去探望人。三、我自己的一切社会关系早已向中大的组织交代。

虽然陈寅恪一直严正地声明从不反对共产党，也不反对马列主义，但是，红卫兵并没有放过他，批斗和折磨不断升级。

"文化大革命"中，不仅陈寅恪夫妇受到冲击、迫害，他的女儿、女婿等亲属也受到株连，其中有些亲人受不了批斗与迫害，"坦白招供"自己为"特务"，两个女儿在当时情况下不敢回去看望受苦受难的父母。1967年夏，唐筼心脏病发作，濒临死亡。大概就是在这个时候，陈寅恪写下一副"遗恨塞乾坤"的预挽爱妻的对联。联云：

> 涕泣对牛衣，卅载都成断肠史；
>
> 废残难豹隐，九泉稍待眼枯人。

"牛衣对泣"的古典，比喻为夫妻共守穷困；"废残难豹隐"，道尽人生的无奈。这副"欲挽妻联"语气凄凉，无数难以诉说的悲情隐藏其中。

1969 年春节刚过，陈寅恪夫妇被勒令搬出东南区一号二楼已住了十六年的家，"因为'工宣队'看中这座楼房用来做指挥部"。陈寅恪被迫搬家的直接后果，便是加速了他的死亡。据说是一位对陈寅恪晚年甚为了解的友朋一直坚持这样的观点，如果陈寅恪不搬家，也许还可以多活几年。

1969 年 3 月 5 日，中山大学在一份《坚决落实毛主席对知识分子"再教育"和"给出路"的政策》的报告中这样写道："对于旧知识分子和反动学术权威要注意加以区别。像陈寅恪，一贯利用学术，坚持反动立场，恶毒地向党向社会主义进攻的应划为反动学术权威，要把他们批得比狗屎还要臭。以后，给予一定的生活费，养起来作反面教员。"其时陈寅恪已搬到西南区 50 号的平房宿舍去了。陌生的环境，已不成样子的家对久病体弱的陈寅恪无疑是雪上加霜，加速了陈寅恪的去世。

1969 年 6 月，陈寅恪黯然地度过了人生最后一个寿辰。此后约百日，即 10 月 7 日晨 5 时半，陈寅恪由于心力衰竭，兼之突发肠梗阻、肠麻痹无法救治而凄然去世。而唐筼则在从容安排好一切后，于陈寅恪去世后四十五天，即 11 月 21 日晚上 8 时，因脑出血、高血压、心脏病等数病并发，追随丈夫于九泉之下。

第 7 章

思想与理念

坚持中体西用之思想

1933 年，陈寅恪在《冯友兰〈中国哲学史〉下册审查报告》中表白自己的思想倾向时说："寅恪平生为不古不今之学，思想囿于咸丰同治之世，议论近乎曾湘乡张南皮之间，承审查此书，草此报告，陈述所见，殆所谓'以新瓶而装旧酒'者。"陈寅恪在报告中强调"思想囿于咸丰同治之世，议论近乎曾湘乡张南皮之间"，就其本人来说，是表白自己的社会思想；从深层次来说，是揭示自己对中外文化交流的态度，即清末曾国藩、张之洞标榜的"中体西用"学说。陈寅恪强调自己的"思想囿于咸丰同治之世"，其意思是说自己的社会思想与清咸丰同治年间（1851~1874）盛行的社会政治思想相适应，而与时下流行的社会思想文化不完全相同，咸丰同治年间的思想特点是什么？陈寅恪思想为什么要"囿于其间"呢？

咸同时代，在经世思潮指导下洋务运动逐步发展。早在1861 年，冯桂芬在《校邠庐抗议》中提出："以中国之伦常名教为原本，辅以诸国富强之术"，被视为最早提出"中体西用"

思想的人。其后朝廷内外，上自权臣，下至有识之士不断对此进行议论、阐发，并且与社会改革相结合，推动洋务运动发展，至"张之洞最乐道之，而举国以为至言"。从洋务运动至戊戌变法的数十年间，围绕着如何变法、如何向西方学习、学习西方什么内容、如何对待中国传统思想文化及其政治制度等问题，思想文化领域形成各种思潮与流派。一些开明的洋务派和对西方思想政治有较多了解的人士都以务实的态度主张自下而上，从经济、科技、教育、政治方面进行循序渐进的变革，其代表人物主要有魏源、曾国藩、陈宝箴、张之洞等人。

戊戌变法的代表人物康有为等人则主张用西方的思想学说附会中国传统思想学说，以孔子改制的名义进行政治改革。前者主张务实渐进，后者则冒进激烈。陈寅恪的祖父陈宝箴虽在戊戌变法时是坚定的改革派，但他与曾国藩、郭嵩焘、张之洞的思想观点大致相同，而与康有为等激进派变革的思想主张和行为不同。陈寅恪深受其先人的影响，他在论述清朝后期变法改革思想发展变化时说："当时之言变法者，盖有不同之二源，未可混一论之也。咸丰之世，先祖亦应进士举，居京师，亲见圆明园干霄之火，痛哭南归。其后治军治民，益知中国旧法之不可变。后交湘阴郭筠仙侍郎嵩焘，极相倾服，许为孤忠闳识。先君亦从郭论文论学，而郭公者，亦颂美西法。当时士大夫目为汉奸国贼，群欲得杀之而甘心者也。至南海康先生之今文公羊之学，附会孔子改制以言变法，其与历验世务欲借镜西国以变神州旧法者，本自不同。故先祖先君见义乌朱鼎甫先生一新《无邪堂答问》驳斥南海公羊春秋之说，深以为然。据是可知余家之主变法，其思想源流之所在矣。"

康有为在光绪年间倡导变法，其指导思想与曾国藩、郭嵩焘、陈宝箴等传统的变法思想有很大差异。故陈寅恪特别要指出，变法别有源流，非可与康梁变法思想等同。所谓"二源"，即是稳健与冒进之别。陈寅恪目睹戊戌变法失败，其父祖受牵连而遇害，更感到未采稳健办法以达变法目的之遗憾。

陈寅恪自谓思想囿于咸同之世，明显是否定光绪年间戊戌变法时期康有为等的思想学说，他在批评康有为及其清末思想学风时说："曩以家世因缘，获闻光绪京朝胜流之绪论。其时学术风气，治经颇尚公羊春秋……后来今文公羊之学，递演为改制疑古，流风所被，与近四十年间变幻之政治，浪漫之文学，殊有连系。此稍习国闻之士所能知者也。"

陈寅恪自述其"议论近乎曾湘乡张南皮之间"，曾国藩、张之洞是中国近代史上洋务派的代表人物，尤其是张之洞对中西文化的态度更为明确，是"中体西用"学说的系统阐释者。他在《劝学篇》中阐述说："新旧兼学。四书五经，中国史事，政书、地图为旧学；西政、西艺、西史为新学。旧学为体，新学为用，不使偏废。"很明显，他所强调的旧学即中国传统文化，西学即西方文化。中国传统文化为体，也就是为本为基础，西学为用，也就是用西学中的先进部分改造中国传统文化，融合于中国文化本体之中，学习西方文化不能抛弃中国文化。张之洞也曾论述中学与西学融合的方法，他说，中体西用学说是"坚持中国传统文化"和"全盘西化"以外的第三种途径。

在中学与西学的取用途径方面则是先系统学习、掌握中国传统文化，以"中学"为基础、为根本，然后认识中国传统文化的弊端和缺陷，寻找西学的有益部分进行填补和充实。张之洞对此论述说："通我中国之学术文章，然后择西学之可以补吾阙者用之，西政之可以起吾疾者取之，斯有其益而无其害，如养生者，先有谷气而后可饫庶羞，疗病者先审脏腑而后可施药石，西学必先由中学，亦犹是矣。"

张之洞的思想观念具有其时代的局限性，如纲常名教其实是封建专制统治的根本，而未必是国家文化的根本。若将根本视作中国文化特性，则无可非议。陈寅恪谓南皮太保（张之洞）"中体西用资循诱"，当然不仅是赞扬张氏的维护纲常名教，而且是赞扬它能维护中国文化的特性。陈寅恪所说者，不过是表达其文化态度和信念。面临西方文化的冲击，自不应不战而自求灭亡。其正确途径仍是寻求创造型的综合，此一途径也是文化竞争中最可求生之路。

此一文化态度，陈寅恪持之以恒，一生虽经各种革命风潮，未尝稍变。吴宓于晚年（1961）往访寅恪，事后在日记中记述说："寅恪兄之思想及主张毫未改变，即仍遵守昔年'中学为体，西学为用'之说（中国文化本位论）。在我辈个人如寅恪者，决不从时俗为转移。"

陈寅恪虽为纯粹的学者，但生活在社会急剧变革的时代，他的稳健和温和思想实与时代格格不入，即其晚年所谓："论学论治，迥异时流，而迫于事势，噤不得发。"他的一贯立场乃立足于趋新与保守之间的平衡点上。他所处的时代在趋新上冒进得太厉害，结果社会、人心、经济、政治各方面不进反退。他不能随俗，只能逆流。

陈寅恪虽然一生坚持"中体西用"思想，但只是用此概括其为人治学的倾向，后人曾解释说："我体会，无论做人或做学问，陈先生都是以广义的'中学为体，西学为用'的精神为指导的。做人方面，他服膺旧中国数千年来的封建伦理道德，同时接受西方资产阶级及民主自由理想。做学问方面，他遵守乾嘉朴学实事求是的学风，同时吸收西方近代历史、语言科学的研究方法。"

陈寅恪研究佛教在中国传播的历史过程时，对中外交流的方式、融合的过程、中国人应持的态度有深刻的洞察和体悟，即对任何外来文化不能拒绝和排斥，亦不能全盘接受和仿效，必须加以改造，对中外文化都要批判继承，取其精华，去其糟粝，在融合的过程中建设民族新文化。他在《冯友兰〈中国哲学史〉下册审查报告》中系统阐述了自己的观念："中国自秦以后，迄于今日，其思想之演变历程，至繁至久。……释迦之教义，无父无君，与吾国传统之学说，存在之制度，无一不相冲突。输入之后，若久不变易，则决难保持。是以佛教学说，能于吾国思想史上，发生重大久远之影响者，皆经国人吸收改造之过程。其忠实输入不改本来面目者，若玄奘唯识之学，虽震动一时之人心，而卒归于消沉歇绝。近虽有人焉，欲然其死灰，疑终不能复振。其故匪他，以性质与环境互相方圆凿枘，势不得不然也。……窃疑中国自今日以后，即使能忠实输入北美或东欧之思想，其结局当亦等于玄奘唯识之学，在吾国思想史上，既不能居最高之地位，且亦终归于歇绝者。其真能于思想上自成系统，有所创获者，必须一方面吸收输入外来之学说，一方面不忘本来民族之地位。此二种相反而适相成之态度，乃道教之真精神，新儒家之旧途径，而二千年吾民族与他民族思想接触史之所昭示者也。"

陈寅恪在国外留学近二十年，对西方文化有系统而深入的了解，从早年起，就强调读书先识字，对中国传统文化的精髓有更深的把握，所以他深切地体会到，西方文化输入中国，不与中国传统文化融合，很难创新和发展。他曾明确指出："西洋文学哲学历史等，苟输入传达，不失其真，即为难能可贵，遑问其有所创获。"中外文化交流的历史充分证明了陈寅恪论断的科学性，同时这也将是以后中外文化交流的基本准则。

尊崇气节

陈寅恪一生秉承家风，重视个人品格和志节，在学术研究中也特别重视"贬斥势利，尊崇气节"，试图通过此种方式转移世风，影响社会。"贬斥势利，尊崇气节"是陈寅恪学术研究的准则，也是他寄托于学术研究所产生的社会价值。

1964年6月，陈寅恪在《赠蒋秉南序》中，叙述一生经历与志向，其中叙述了自己治学为人的原则和秉持的气节操守："欧阳永叔少学韩昌黎之文，晚撰《五代史记》，作《义儿》《冯道》诸传，贬斥势利，尊崇气节，遂一匡五代之浇漓，返之淳正。故天水一朝之文化，竟为我民族遗留之瑰宝。孰谓空文于治道学术无裨益耶?"陈寅恪在文中特别强调两点：为人与为学。为人则自重，一生注重个人志节和操守，他在文中颇为自负地说："默念平生固未尝侮食自矜，曲学阿世，似可告慰友朋。"重气节、有为有守却是陈寅恪个人所坚守的，后人也是如此评价，如蒋天枢曾评论陈寅恪"先生一生，大节巍然，操持峻洁，自少至老始终如一，有非视衣食若父母者所能喻"。重视个人志节是陈寅恪一生的社会价值观。

这种观念的形成深受家风的熏陶与影响。陈寅恪一生为人治学深受其父祖影响，以其父为例，陈三立早年佐其父推行新政，遭受清政府镇压，"戊戌政变，一并革职。后虽复原官，迄清之末，未尝一出。然以吏能廉洁及气节文章，颇负重名于当代"。陈三立与郑孝胥同为清末诗坛同光体领袖，私交甚深，但郑孝胥积极支持溥仪就任"伪满洲国"皇帝，投靠日本侵略者，自己出任"伪满洲国"内阁总理大臣，陈三立对郑孝胥卖国求荣的作为十分痛恨，指斥郑孝胥"背叛中华，自图功利"，断然宣布与之绝交，表现出了凛然正气。日本侵占北平，散原老人（陈三立）终日忧愤，拒不食药而死。先生父祖均以身殉国，民族大义凛然。诚如吴宓所言："故义宁陈氏一门，实握世运之枢轴，含时代之消息，而为中国文化与学术德教所托命者也。"

陈寅恪在学术研究和社会生活中深刻认识到，学术文化在救国经世中有重要作用，他曾经论述说："天理人事之学，精深博奥者，亘万古，横九垓而不变，凡时凡地均可用之，而救国经世，尤必以精神之学问（谓形而上之学）为根基。"致力于学问，最终目的是救国经世，而学问的表现形式是学术文化，而从事文化学术研究的目的是尊崇正义，贬斥势利，扬正抵邪，转移世风。而陈寅恪所处的时代是乱世，而导致乱世的重要原因和表现是人心不正、趋慕势利，陈寅恪早在留学时期比较中西文化之差异时，认为当时的普遍风气是不重传统学术文化，只求功利机械之学，"专谋以功利机械之事输入，而不图精神之救药，势必至人欲横流，道义沦丧，即求其输诚爱国，且不能得"。正是中国晚清以后世风倾慕势力，争权夺利，钩心斗角，互相倾轧，不惜借用外力以逞其利愿，造成中国战乱不已、积贫积弱，从晚清到北洋政府，直至国民党新军阀统治皆是如此。陈寅恪以自己的观察和亲历记述了清末以后的社会状况。袁世凯称帝，社会各界争讼功能，献媚邀功，陈寅恪论述说："忆洪宪称帝之日，余适旅居旧都，其时颂美袁氏功德者，极丑怪之奇观。深感廉耻道尽，至为痛心。至如国体之为君主抑或民主，则尚为其次者。"在陈寅恪看来，"廉耻道尽"是国家的极大不幸，气节是廉耻的基础，是立国之本，重于国家政体形式。

20 世纪 30 年代，战乱不已，世风日下，尤其是抗日战争前后，中国社会更是混乱，灾难深重。陈寅恪评论说："自新会殁，又十余年，中日战起。九县三精，飙回雾塞，而所谓民主政治之论，复甚嚣尘上。……盖验以人心之厚薄，民生之荣悴，则知五十年来，如车轮之逆转，似有合于所谓退化论之说者。"从陈寅恪对社会的认识和评论可以看出，他对社会状况和问题的认识是深刻的，确实是洞察幽微，知晓天下事的卧龙式人物，"不但学问渊博，且深悉中西政治、社会之内幕"。更重要的是，他不是知其不可为而不为，袖手旁观，冷眼看世界的桃花源中人，虽一生没有实际担任社会公职，只从事学术研究和教书，但自觉承担了知识分子"社会良心"的责任。蒋天枢评论陈寅恪"忧国忧民之思，悲天悯人之怀，郁勃于胸中，壹发之于述作与歌诗"。陈寅恪通过述作和歌诗表达其忧国忧民之思、悲天悯人之怀，同时在学术研究中坚持"贬斥势力，尊崇气节"的准则，通过学术的褒贬来转移社会风气，营造崇尚正义的世风人道。从某种意义上说，这既是陈寅恪学术研究的真谛，也是其爱国救世职责的践履。

自由独立之思想

陈寅恪一生申述和表白，在学术研究和社会生活信守独立之精神、自立之思想，并要求他的学生也要信守此理念。应该说，独立之精神、自由之思想是陈寅恪一生信守的理念。邓广铭曾指出："独立之精神"和"自由之思想"也是陈先生涉世行己的信条。细究陈寅恪在不同时期不同场合对独立之精神、自由之思想的表述和阐释，这种理念有两个层面的含义。

其一，学术研究与社会政治的关系，社会政治不能干预学术研究的自由和独立。这是陈寅恪那一代学人对社会政治的诉求。

清王朝统治末年，西方文化传入中国，尤其是西方自由、民主的理念和个性独立的思想意识深刻影响了中国现代知识分子，陈寅恪自少年开始，留学日本和欧美，他身上既有浓厚的传统文化意识，又受欧美文明的陶冶，他审视中国学术文化的发展历程，深刻认识到中国学术文化发展，主要是封建专制政权对学术研究的控制和摧残，以至于西方和日本对中国学术文化的研究，在某些领域都有超过中国本土的趋势。为此，陈寅恪曾发出"群趋东邻受国史，神州士夫羞欲死"的感慨激奋之词。1927年6月，王国维投湖自杀，对于王国维的死因历来众说纷纭，陈寅恪因与王国维相知甚深，独排众说，坚持王国维是殉文化而死，是不忍见中国传统学术因社会变革而断绝故以死抗争。

陈寅恪强调学术的独立性，同时也认识到知识分子，尤其是尽心学术研究的知识分子的个性独立和主体意识是学术独立的前提和基础，因此教育和培养学生的独立之精神、自由之思想尤为重要。他在1932年给清华研究院学生讲授"晋至唐文化史"时，特别强调学生学习和学术研究要养成个人研究的思想，他说："本课程学习方法，就是要看原书，要从原书中的具体史实经过认真细致而实事求是的研究，得出自己的结论，一定要养成独立精神、自由思想、批评态度。"陈寅恪不但自己坚持独立精神、自由思想，而且作为学术研究的通则要求人们信奉和坚守。陈寅恪曾赠诗给北大学生说："天赋迂儒自圣狂，读书不肯为人忙。平生所学宁堪赠，独此区区是秘方。"后人曾解释说"天赋迂儒自圣狂，读书不肯为人忙"，是指天生我这么一位狷介的儒生，我念书不是为别人，是为了我自己，我根据独立之精神、自由之思想而研究。"平生所学宁堪赠"，即我平生所学没有什么值得告诉你们的。最后一句，"独此区区是秘方"，意思是只有这区区一点是我的秘方。秘方是什么呢？就是"读书不肯为人忙"，就是强调读书一定要独立思考，并有独立之思想，不为别人希望的某种实用主义左右而读书。

不论社会环境如何变化，陈寅恪对独立之精神、自由之思想的学术研究理念的坚持始终如一，从没有发生动摇和变化。

其二，陈寅恪坚守学术研究自由、独立。主要是保持知识分子的独立人格、自由意识，客观地研究自然与社会，独立地对客观事物作出价值判断，反对政治干预和控制。同时陈寅恪也反对违背学术研究独立的另一种倾向，就是学术研究政治化。学术研究者曲学阿世，迎合政治，取媚当政，借政治提高自己的学术地位，这也是陈寅恪特别反对的。

"五四"运动前后还存在各种形式的学术与政治的纠缠，互相利用。所以许多学术界人士不时地对此种现象进行批评和抨击，要求学术独立，如陈独秀曾以《学术独立》为题撰文指出："中国学术不发达最大的原因，莫如学者自身不知学术独立之神圣。"学人不自重，不知学术独立的重要性，是中国传统政治控制学术与制约、规范学人的结果，这种状况在辛亥革命后一直延续，所以民国年间的真正学者运用各种形式呼吁学术独立的同时，培养学人自己人格独立，并将此视为自己的奋斗目标。与陈寅恪同时的哲学家贺麟曾在 1941 年发表《学术与政治》，论述学术独立与学术研究的关系。他说："学术在本质上必然是独立的、自由的，不能独立自由的学术，根本上不能算是学术。学术是一个自主的王国，它有它的大经大法，它有它神圣的使命，它有它特殊的广大的范围和领域，别人不能侵犯。每一门学术都有它的负荷者或代表人物，这一些人，一个个都抱'鞠躬尽瘁，死而后已'的态度，忠其职，贡献其心血，以保持学术的独立自由和尊严，在必要时，牺牲性命，亦在所不惜。因为一个学者争取学术的自由独立和尊严，同时也就是争取他自己人格的自由独立和尊严，假如一种学术，只是政治的工具，文明的粉饰，或者为经济所左右，完全为被动的产物，那么这一种学术就不是真正的学术。"

应该说，贺麟对学术独立，对学者与学术独立的关系认识和阐述是深刻的，陈寅恪很少对两者进行专门论述，但是他在文章中对学者以学术附会政治、为政治服务进行批评和斥责。早在 1930 年，陈寅恪写诗嘲讽学者依附权贵，附会政治，他说："弦箭文章苦未休，权门奔走喘吴牛。自由共道文人笔，最是文人不自由。"很显然，陈寅恪对文人互相攻击、争辩，奔走权势之门，借政治权力为自己服务很反感。1931 年，陈寅恪在《吾国学术之现状及清华之职责》中批评学术不能独立，附会政治的状况时说："至于本国史学文学思想艺术史等，疑若可以几于独立者，察其实际，亦复不然。近年中国古代及近代史料发现虽多，而具有统系与不涉附会之整理，犹待今后之努力。"陈寅恪晚年在《赠蒋秉南序》中所阐述的思想理念，既是对自己一生坚持"学术独立"的肯定，也是对"曲学阿世"之徒的指斥，说明在他生活之世，学界曲学阿世之人不在少数，这是学术不能独立的另一原因。

第8章

西北史地研究

西北史地研究

陈寅恪在《朱延丰突厥通考序》中曾说："乙部之学，则喜谈西北史地……惟默察当今大势，吾国将来必循汉唐之轨辙，倾其全力经营西北，则可以无疑。考自古世局之转移，往往起于前人一时学术趋向之细微。"中国西北史地研究是20世纪初中国史学界乃至世界史学研究的一个重点，欧洲东方学和日本汉学都曾重视这个领域的研究。在中国，早在清代后期就有学者以蒙古族兴衰为题对我国西北地区民族与地理进行研究。如道光年间张穆撰写《蒙古游牧记》，龚自珍撰写《蒙古图志》（未完）；同光时期，洪钧撰《元史译文证补》，屠寄作《蒙兀儿史记》，柯劭忞写《新元史》等；清末民初时期的沈曾植和王国维也都曾致力于这一领域，尤其是沈曾植对蒙古族源流与西北史地的研究取得了相当大的成就，并因此博得国际声誉，日本学人西木白川、法国学者伯希和都很推重其成就。而陈寅恪由于通晓我国西域和中亚地区多种文字，他利用这些文字和其他各种资料对西北史地进行开拓性的研究，其所研究重点是蒙古学、藏学、突厥学。

对蒙古学的开拓性研究。蒙古族是生活在中国西北地区的重要少数民族，其生活和活动范围涉及中亚的广大地区。早在明朝万历年间，内蒙古鄂尔多斯族萨囊彻辰所撰述的一部蒙古族史书《蒙古源流》，清乾隆时被收入《四库全书》。由于该书中夹有不少神话传说，与元代蒙汉文史书多有不同，因而人们对它的来源和性质往往困惑不解。全书以喇嘛佛教为纲，以各汗传统之世系为纬，并上及蒙古族之起源。此书的重要性不仅由于出自蒙古人之手，而且由于记载首尾赅备，对于国中治乱兴衰的发展轨迹多按年代记述。但乾嘉学者病其音译难读，研治者甚少；直到道咸时代，边疆史地渐受重视，魏源、张穆等始援引此书。沈曾植对此书研究较为深入，曾撰写《蒙古源流笺证》一书。沈氏研究此书有筚路蓝缕之功，但由于语言文字和资料诠释的障碍，未解决问题甚多。1930～1931年间，陈寅恪以《蒙古源流》一书为基础，对蒙古的历史和活动范围进行了系统研究。

陈寅恪在《〈彰所知论〉和〈蒙古源流〉》一文中对《蒙古源流》一书的资料来源和成书过程进行系统论证。第一，依据对汉、藏、蒙文献的比较研究，第一次指出，《蒙古源流》的基本观念和编撰体裁，都是取之于元代吐蕃喇嘛八思巴所著的《彰所知论》，从而确证《彰所知论》是蒙古史料的另一系统。第二，勘对东西方多种文献，把文献记载中关于蒙古族起源之观念，分为四类，指出此书是在《蒙古秘史》所追加的史层上，又增建天竺、吐蕃二重建筑，是"糅合数民族之神话，以为一民族之历史"。第三，考订本书的汉字译本，是清乾隆时期据满文本译出的，而满文本又是译自成衮札布进呈的蒙文本，从而使蒙、满、汉诸本之异同得以疏解，也使辗转翻译中的疏误得以订正。经过陈寅恪先生精辟的研究，原来使人困惑不解的一些难题，得以豁然通解，《蒙古源流》一书的本来面貌也得以探明，对此后的蒙古史研究产生了重大的影响。

自从晚清西北史地之学兴起以后，蒙古史研究日益受到我国学者的重视。但直到20世纪30年代以前，如洪钧、屠寄、柯凤荪等人的研究，还是走证补或重修正史的老路。由于不能通解多种民族的语言文字的译名，因而不免产生疏误。陈寅恪先生在他的研究中，首先运用了西方汉学家的对音勘同的译名还原方法。在关于蒙古源流的其他三篇论文中，勘对满、蒙、汉文本译名的异同，对汉文史籍中藏王译名和蒙古史籍中的汉地译名，分别作了订正。如在《元代汉人译名考》中，论证了汉文史籍中的"汉人"一词，即是波斯文和蒙古文籍中的"札忽惕"，从而使习见的"汉人"一词得到了确切的解释。我国的蒙古史研究，自从30年代以来，由于转入专题研究和对音勘同方法的利用而进入了一个新阶段，陈寅恪应是这个阶段最早的开拓者。

陈寅恪对蒙古民族研究所作的贡献，其意义不仅限于某些具体的结论和具体的方法，而是在更广泛的意义上给人们以许多宝贵的启示。

首先，融会贯通多种语言文字，对别人无法解释的疑难问题进行正确解释。陈寅恪在历史学、古典文学、语言学、佛学等许多领域都有很高的造诣，并且通晓多种民族的语言文字。正是在这样广博坚实的基础上，他才能发前人未发之覆，解决别人所不能解决的许多难题。他关于蒙古学的几篇论文，融会贯通了蒙、藏、波斯等多种文字的文献，并广泛参考各国学者的成果，提出了创造性的见解，为蒙古史的研究开辟了新的境界。

其次，陈寅恪是社会科学研究中的通识学者，他对历史语言等方面的许多学术问题的考释看起来似乎琐细，但往往包含着重大的学术意义。他考订《彰所知论》与《蒙古源流》的关系，从而探明《蒙古源流》这部著作的性质，使过去被认为真伪混杂的一部著作得以呈现出多方面的价值，历史学家可以透过神话的纱幔去吸取可信的史实，宗教学和文学研究者也可以从中探讨神话传说在藏族和蒙古族之间的传播。考订元代具有特殊意义的"汉人"这一译名的源流，从而使元代史料中的许多疑难问题可迎刃而解。

对突厥学的研究与贡献。陈寅恪对突厥学的研究与研究隋唐史有密切关系，是用新视角、新资料研究西域地区民族与隋唐王朝的关系史。尤其是唐王朝时期与突厥汗国的政治关系史。

6世纪中期兴起于阿尔泰山南部的突厥汗国，在鼎盛的木杆可汗时代（553～572），"其地东自辽海以西，西至西海万里，南自沙漠以北，北至北海五六千里，皆属焉"。这个以阿史那氏为首的军事行政的联合体，到隋唐之际，虽分裂成东西两大汗国，但仍然是当时亚洲内陆一股举足轻重的政治力量。

陈寅恪摒弃了那种把突厥史作为隋唐史附属品的陈旧观念，充分认识突厥汗国的历史地位。他在《论唐高祖称臣于突厥事》一文中作出"突厥在当时实为东亚之霸主"的结论。唐高祖向突厥称臣，是唐室讳莫如深的"国耻"，但从隋末争雄的国内外政治环境看，又是势在必行的权宜性"国策"。陈寅恪对此作了鞭辟入里的分析，掏出了温大雅《大唐创业起居注》曲为唐讳之苦心。下列两点，尤有"发覆"之功：第一，太原起兵改旗帜以示突厥，并非纯用突厥白旗，而是绛白相杂。按陈寅恪先生的观察，"唐高祖之不肯竟改白旗而用调停之法兼以绛杂半续之者。盖欲表示一部分之独立而不纯服从突厥之意"。第二，太宗与突厥可汗结盟，是按"突厥法"行事而成了"香火兄弟"，"故突厥可视太宗为其共一部落之人，是太宗虽为中国人，亦同时为突厥人矣！"这就说明，在隋末群雄中，李唐一支虽无例外地"北面称臣"，但比刘武周辈有更高的独立性和策略性。

十年之后，唐室转弱为强，太宗击败颉利可汗，一举而摧毁了阿史那氏在漠北的统治，赢得了"天可汗"的荣誉。这个新均势是怎样形成的？"寅恪案：北突厥或东突厥之败亡除与唐为敌外，其主因一为境内之天灾及乱政，二为其他邻接部族回纥薛延陀之兴起两端，故授中国以可乘之隙。否则虽以唐太宗之英武，亦未必能致如是之奇迹。"在这里陈寅恪把"奇迹"归于"外族盛衰之连环性"，而不是唐太宗个人的英武。

唐与突厥霸权地位的急剧转化，很容易诱导出非科学的历史神话。陈寅恪有鉴于此，语重心长地写道："唐代武功可称为吾民族空前盛业，然详究其所以与某甲外族竞争，卒致胜利之原因，实不仅由于吾民族自具之精神及物力，亦某甲外族本身之腐朽衰弱有以招致中国武力攻取之道，而为之先导者也。国人治史者于发扬赞美先民之功业时，往往忽略此点，是既有违学术探求真实之旨，且非史家陈述覆辙，以供鉴诫之意。"陈寅恪利用新资料、新视角对突厥历史的研究为后人研究这个时期的历史开辟了新视野，提供了新范本。

对藏学的贡献。藏学在今天，已成为一种国际学问，是研究中国和东方学的一个重要分支，受到普遍的关注。在国内，近几十年来，也有了相当的发展。追本溯源，陈寅恪实在是我国藏学研究的先驱，早在1923年，他在德国留学时，即有志于此，曾云："我今学藏文甚有兴趣，因藏文与中文系同一系文字，如梵文之与希腊拉丁及英俄德法等之同属一系。以此之故，音韵训诂上，大有发明。因藏文数千年用梵音字母拼写，其变迁源流，较中文为明显。"

陈寅恪在德国留学期间和回国初期，曾致力于藏文研究。

1923 年发表《大乘稻芊经随听疏跋》，初试锋芒，以藏文史料考证一系列的重要成果，论证法成"为吐蕃沙门，生当唐文宗大和之世，译经于沙州、甘州"。陈寅恪通过对法成系统研究，认为法成确为"沟通东西学术，一代文化所托命"的人物，并对法成名字千年湮没深表惋惜，又对法成译著成绩作了详尽的记录，考出"震旦律师温峬（zè）个撰，答哩麻悉谛译"的西藏文《深微宗旨确释广大疏》一书，即玄奘弟子圆测所撰《解深密经疏》的法成藏文译本。这一重大发现，受到佛学界由衷的称誉。更有令人称道者，圆测之疏汉文本中有缺佚，幸有法成藏译文本在，后人据藏文本还译为汉，补成完璧，成为藏汉文翻译研究典型案例。

纵观陈寅恪的藏学研究工作，其启示后学者有两点：其一，重视语文，力主语文之比较作用，正本清源，纠谬剔弊，正千年旧史之误，纠异地译语之讹，使藏学研究立于坚实平妥基础之上，遂成为我国藏学的传统。其二，重视宗教与政治的关系，"陈寅恪的兴趣是研究佛教对我国一般社会和思想的影响"。他曾说："世人或谓宗教与政治不同物，是以二者不可参互合论，然自来史实所昭示，宗教与政治终不能无所关涉。"至于宗教与藏学之关系，尤为密切，陈寅恪对藏学的研究，尤其是对藏文文献的翻译和对错讹文字的改正开拓了后人的研究领域，在研究方法方面亦示后人以轨则。

敦煌学的奠基人

陈寅恪是"敦煌学"一词的创立者，也是敦煌学最早的系统研究者之一。1900 年，甘肃敦煌莫高窟第十七窟藏经洞被打开，发现了大量十六国至隋唐时期的写本、绘画等珍贵文物，其内容丰富而广博，包括考古学、历史学、地理学、民族学、语言学、宗教学、艺术等多种科学，涉及希腊文明、印度文明、波斯文明、中国文明等多种民族文化和多种文明的关系。敦煌资料被发现的消息不胫而走，西方国家的"学者们"闻风而至。先是俄国的奥布鲁切夫，骗取了两大包文本的手稿。接着是英国的斯坦因，运走了几十箱的文本与绘画。继之是法国的伯希和，将宝藏中最精美的部分捆载而去。接踵而来的还有日本的桔瑞超、俄国的奥登堡、美国的华尔纳，他们或盗取写本，或剥取壁画，或抢走塑像。国宝流散域外，横遭厄运。对此，爱国士人无不扼腕同愤，而当时的腐败政府却置若罔闻。正是基于这种痛心的反思，陈寅恪先生写道："敦煌者，吾国学术之伤心史也。"表达了一个正直知识分子的爱国之心。

敦煌藏经洞资料被发现后，很快引起了国内外学术界的关注和学术研究的热潮。国外如法国著名汉学家伯希和、英国人斯坦因、俄国奥登堡等虽然用不正当的办法获取了敦煌资料，但运用精通多方面的专业知识和科学的方法进行研究，取得了众多研究成果。国内以晚清勃兴的朴学支派西北史地之学的研究为主体的研究者对敦煌资料也颇为关注，罗振玉、王国维、刘师培、陈垣等人都曾对敦煌学有所涉猎和研究，由于语言学和知识面的限制使其研究难以深入。

陈寅恪在西方留学时已注意敦煌资料的流传状况，回国初期在清华国学研究院任教期间曾投入相当多的时间和精力进行敦煌学研究。有人曾评论说：陈寅恪是第一个提出"敦煌学"概念的人，也是从理念上全面而科学地阐发敦煌文献价值，推动敦煌学研究的学者。1930年他在为陈垣《敦煌劫余录》作序时曾指出："一时代之学术，必有其新材料与新问题。取用此材料，以研求问题，则为此时代学术之新潮流。治学之士，得预于此潮流者，谓之预流（借用佛教初果之名）。其未得预者，谓之未入流。……敦煌学者，今日世界学术之新潮流也。自发现以来，二十余年间，东起日本，西迄法英，诸国学人，各就其治学范围，先后咸有所贡献。"

陈寅恪对敦煌学研究的贡献主要分为几个方面：

其一，敦煌佛学的开拓性研究。敦煌石室所出四万余件写本中，汉文写本在三万件以上，而其中佛典占95%。对于中国人，这是一个尚待进一步开垦的园地。陈寅恪通过新出遗文的研究，改变了许多习以为常的传统说法。例如，《旧唐书·则天皇后本纪》及同书《薛怀义传》说武则天上台时，"有沙门十人伪撰《大云经》"，又谓为薛怀义等所造。王国维、陈寅恪两人据敦煌所出《大云经疏》，始改正了这种说法。

敦煌遗书中分量最重的是佛经卷子，并有部分讲唱佛经、佛传故事的变文。辨识这些距今已有千年以上历史、书写成各种文字的经卷，殊非易事，甚至连罗振玉这样的大家有时也有不知所云之感。如他收藏的"佛曲三种"，对其中的《有相夫人生天因缘曲》《须达起精舍因缘曲》，即谓"不知演何经"。然而陈寅恪知识渊博，学贯中西，通晓梵文、突厥文、西夏文等多种文字，精于佛教典籍研究。他不仅能熟练地辨识佛典（包括像《有相夫人生天因缘曲》之类的讲经变文），指出其真伪，而且还能够就经卷本身提出很多问题，对当时的社会、历史、文化等综合研究，得出精湛的结论。

其二，敦煌藏学的开拓性研究。敦煌所出藏文卷子约数千卷，其数量仅次于汉文卷子而居于第二位。近年来，包括敦煌藏学研究在内的国际藏学有迅猛的发展，而陈寅恪属于藏学研究的先行者。

对藏族伟大学者、翻译家法成的研究及评价，也表现了陈寅恪的卓识。如他在研究北京图书馆及傅增湘藏敦煌本《法成大乘稻芉经随听疏》时，查阅北京本西藏文续藏满蒙汉藏四体目录，有一名叫"答哩麻悉谛"的译者，蒙古此名音译即梵文、藏文中"法成"之意。陈先生认为法成与玄奘相比，两人都是"沟通东西学术，一代文化所托命之人"。

实际上，陈寅恪的研究都贯穿着一种比较研究方法。他曾说："故今世之治文学史者，必就同一性质题目之作品，考定其作成之年代，于同中求异，异中见同，为一比较分析之研究，而后文学演化之迹象，与夫文人才学之高下，始得明了。"实际上，陈寅恪的文学研究、佛学研究、藏学研究都运用了比较研究方法。作为20世纪中国人文科学研究比较研究的先行者，陈寅恪在此种研究方法中，体现出一种广阔的世纪性和世界性的文化视野。

其三，对敦煌遗留经卷的认识和评价。20世纪30年代，陈垣应中央研究院历史语言所之请，就北京图书馆所藏敦煌写本八千余卷轴进行分门别类、整理，撰写了《敦煌劫余录》，陈寅恪为之作序，对剩余经卷写本的内容和价值给予了高度评价。陈寅恪将剩余经卷划分为九类：一、有关摩尼教经者；二、有关唐代史事者；三、有关佛教教义者；四、有关小说文学史者；五、有关佛教故事者；六、有关唐代诗歌之佚文者；七、有关古语言文字者；八、有关古译经之别种本者；九、有关学术之考证者。陈寅恪很清楚，遗留经卷其为数尚不及全部写本的百分之一，但这些也足以说明北京图书馆所藏敦煌文献为研究者展现了新的领域，足以引导人们去重新认识和重视北京图书馆所藏敦煌卷子。此后，国内一些学者利用陈垣所编《敦煌劫余录》，积极开展研究，并取得了许多成果。其中如1935年出版的许国霖所著《敦煌石室写经题记与敦煌杂录》一书，就是我国学者整理研究北图所藏敦煌文献的一个重要成果。

综上所述，在我国敦煌研究的早期，陈寅恪从宏观上论证了敦煌资料的珍贵价值和从事敦煌学研究的深远意义，并热情鼓励国内学人从事敦煌学研究。

陈寅恪通晓多种语言，精通典籍，谙熟掌故，故能在研究中驾轻就熟，左右逢源。在敦煌文献的研究中，也给后人作出了示范。

以敦煌经卷证史，用敦煌资料释诗。陈寅恪在《敦煌石室写经题记汇编序》中，曾利用写经题记来求证史书，结果发现与史籍关于当时佛教盛行、佛经广为流传的记载是完全相符的，这就为史书记载的可信度提供了依据。

运用史书记载来解决敦煌资料中提出的问题，以史解经，以史考诗。如《敦煌石室写经题记汇编序》中，陈对敦煌所藏七百年间佛经仅有六件写有南方地名和南朝年号这一问题，通过引证史料，作出了比较合理的推断。再如在《秦妇吟》中，有一句诗是"但闻汴路舟车绝"。对其中的"汴路"一词，王国维释作"洛下"，罗振玉则作"汴洛"，周云青释为"开封至洛阳"。陈寅恪在《韦庄秦妇吟校笺》中引证了《元和郡县图志》《白氏长庆集》《李文公集》《桂苑笔耕集》等史书记载，指出"汴路"是当时习用的名词，系指经由汴水埇桥的徐淮之间的交通要道，是商旅所会之处，韦庄南投周宝或由此路，从而使"汴路"一词得到比较合乎实际情况的解释。

将佛经典籍与变文故事、民俗小说结合起来进行比较研究，以考察中国文学的源流变化。在《敦煌本唐梵对字音般若波罗蜜多心经跋》中，陈寅恪曾作出了四种比较。首先指出此经序文"颇为诡异，似不可信，然亦有所本"。于是举《大慈恩寺三藏法师传》与之比较，认为两者有因缘关系。其次又以此经序言和民间流传的小说故事比较，发现"序文中所言观音化身，保卫行途，取经满愿，后复于中天竺摩竭陀国那烂陀寺，现身升空等灵异，则皆后来附会演变之神话故事，即《唐三藏取经诗话》《销释真空宝卷》《西游记》等书所从出也"。第三是将此经序言同载于各种《金光明经》卷首的《冥报传》比较，认为此序实为"考证玄奘取经故事的重要材料"。第四是将此经序言、《金光明经》卷首《冥报传》与《太平广记》所载各种报应故事（如《金刚经》故事、《法华经》故事、《观音经》故事）比较，从而豁然通解《太平广记》中的此类报应故事，"当皆取自《金刚经》《法华经》《观音经》卷首之序文而别行者"。此种研究方法在《须达起精舍因缘曲跋》《敦煌本维摩诘经文殊师利问疾品演义跋》《西游记玄奘弟子故事之演变》等文中也往往可见。

佛教史考证与研究

陈寅恪在西方留学期间，曾对佛教经典及相关文字认真学习和研究，他在《与妹书》中曾明确说明学习语言文字学的原因与目的，即研究历史和佛教。

陈寅恪回国后任教清华大学的初期授课和学术研究的重点是中古佛教史，给学生开设的课程有佛经翻译文学等，其学术研究也相对集中于这一领域。最早发表的文章如：《大乘稻芉经随听疏跋》《有相夫人生天因缘曲跋》《童受喻鬘论梵文残本跋》等都与佛教有关。其学生蒋天枢说：陈寅恪当时对佛教经典用力最勤，此一时期（1927～1935）于有关典籍，"时用密点、圈以识其要，书眉、行间，批注几满，细字密行，字细小处，几难辨识。就字迹、墨色观之，先后校读非只一二次，具见用力之勤劬。而行间、书眉所注者，间杂有巴利文、梵文、藏文等，以参证古代译语"。可惜的是，陈寅恪在这一方面的研究尚未完成，就被战乱打断。自 20 世纪 30 年代开始，陈寅恪的研究方向虽然转移，但他对佛教研究的贡献却具有开拓性，其对佛教研究的贡献主要集中于几个方面：

其一，对佛教发展史及中印佛教交流史的研究具有开拓性。陈寅恪对佛教经义和理论没有深入研究，而注重对佛教史的研究。俞大维曾说："他（寅恪）的兴趣是研究佛教对我国一般社会和思想的一般影响。至于印度的因明学及辩证学，他的兴趣就比较淡薄了。"也就是说，他研究佛经，不是宗教的兴趣，也不是哲学的兴趣，而是思想史的兴趣。正如有人所分析，思想史并不尽同于哲学史和文化史。哲学史家研究思想系统之本身及其演变；文化史家则研究宗教、神话、文学、艺术等，即整个社会文化现象之全面；而思想史则居于二者之间，将思想概念置于时代、社会之中，再从思想推知时代的文化精神，以及从时代文化推知思想的渊源与流变。因此俞大维说"寅恪先生对于玄学，兴趣极为淡薄"，即是指他对哲学本身之研究兴趣不大。

陈寅恪对于佛教史研究的成绩和贡献，绝不是对某一经义有所发明，或借佛教思想以建立其自身之思想体系。陈寅恪与沈曾植、王国维治佛经有相同之处，主要是研究佛教发展史及佛教对中国文化的影响。

其二，以丰富的语言文字方面的知识考辨和订正佛经翻译中的错误。自佛教传入中国，对佛教经典翻译和研究的学者和僧人众多，但由于翻译和研究者语言文字的水平和能力限制，很多人只能精通一种文字，通中文者不通佛经原文，而通原文者又不通中文，有些中亚人转译更是错讹百端，而陈寅恪掌握与佛教经典有联系的多种文字，又由于敦煌学兴起，他在欧洲留学期间已接触了敦煌储藏的经卷资料，所以他在研究佛教经典与翻译资料时对其中错讹之处多所改正。他在《与妹书》中已经注意到此类问题。其中说："我偶取《金刚经》对勘一过，其注解自晋唐起至俞曲园止，其间数十百家，误解不知其数。

我以为除印度、西域、外国人外，中国人则晋朝、唐朝和尚能通梵文，当能得正确之解，其余多是望文生义，不足道也。隋智者大师天台宗之祖师，其解悉檀二字，错得可笑。"由此可见，陈寅恪研究佛经的初步工作乃是语言文字考订。由于他能运用许多种语言文字，能够取译文与原文对勘，犹如取烛照幽，立见谬误所在及其来源。

　　陈寅恪到清华任教后对佛教经典及各种译本相互校勘整理，对其中的错误进行了改正。如他指出天台宗智者大师在《妙法莲华经》玄义里，将"悉檀"之"檀"与"檀施"之"檀"混为一谈，陈寅恪根据梵文指出："悉檀"乃"Siddhanta"（可解作宗、成或理）之对音；而"檀施"之"檀"乃"dana"之对音，其字从语根"da"衍出，二者并无关系。他又从梵文中指出，三国名医华佗二字古音与印度"Gada"音近，乃药神之义！"当时民间比附印度神话故事，因称为华佗，实以药神目之。"又指出梵文名词有不同中译者，如梵文"Sattva"一名词，"中国旧译为'众生'，玄奘新译为'有情'，其后若义净所译《金光明最胜王经》，则'众生''有情'二名词，交互杂用，不复分别"。若不知梵文原词，自易生混淆，或不可解。晚清大儒俞樾就因不知梵文，对《般若波罗蜜多心经》有所误解，以为"色不异空，空不异色；色即是空，空即是色"是不必要的"复语"，为"译者"之误。但寅恪从梵文原文见到："'色不异空'一节，共有六句，玄奘译为四句，已从省略，盖宣传宗教，不厌重复。"

　　类此以不误为误，另有不以误为误者，都是未通梵文原经之故。如禅宗六祖传法偈，以身比菩提树，历来诵此偈者甚多，但未有人发现"菩提树为永久坚牢之宝树，决不能取以比譬变灭无常之肉身"，实为不适当之譬喻。又近人多疑《大乘起信论》是伪书，但他以地理、年代、官制掌故等考证出其中多有真史料。

陈寅恪对中译佛经的整理，大抵以版本互校，以见真相，以考订人名、地名、年代，以及史事的真伪。类此皆细琐的文字校勘，而语文和语言学之知识乃是此一校勘工作的重心。陈寅恪在清华授"佛经翻译"一课，其主要工作就在比勘异同、印证文句。此种工作十分浩繁，陈寅恪曾感叹说："此区区检阅之机械工作，虽绝难与昔贤翻译诵读之勤苦精诚相比并，然此中甘苦，如人饮水，冷暖自知，亦有未易为外人道者也。"以陈寅恪之才华，亦不甘永远停留于此一工作；而其考证亦不再为考证而考证，要能从考证中见其大，也就是所谓的"尺幅千里"的考证学境界。

其三，对佛教的研究扩充了历史研究的资料，扩大了历史研究的范围。陈寅恪利用所掌握的多种语言做工具，用佛教经典及有关资料考释中国历史上的一些问题，扩大中国历史的资料，解决了一些历史研究的重要问题，如他撰写的《武曌与佛教》运用许多隋唐时期佛教传播史的资料论证了武则天信奉佛教的原因和目的。武曌（则天）的本家信奉佛教。曌父武士彟在隋朝时，因炀帝好土木营建，遂能以鬻材致巨富。而杨达因参预工事，得与士彟习近。隋亡之后，士彟变成新贵，乃得娶杨达之女为妻，达之女即武曌之母。武曌的母亲，历来是佛教的忠实信徒，"武曌幼时受其家庭环境佛教之熏习，自不待言"。他又据伦敦博物馆藏敦煌写本《大云经疏》，断定武曌在入宫之前，一度曾是正式的沙弥尼姑。武曌掌握政权，大倡佛法，却又有政治作用。因儒家经典不许妇人干政，而大乘急进派之经典《大云经》有以女身受记为转轮圣王成佛之教义。武曌因以为受命符谶的根据，自称金轮皇帝。陈寅恪在此简短的考证中，有三大发现：（一）隋文帝、炀帝与佛教的深厚关系；（二）宗教与政治之密切关系，信徒借武曌恢复自李唐开国后所丧失的权势，而武曌则转借佛教教义以固其政治地位。(三)他翻检佛经证明武曌并未伪造经籍，而系利用旧籍，曲为比附而已。后来，陈观胜撰英文《中国佛教史概论》，其中有关武则天一段，几全取陈寅恪所说。

陈寅恪综合各种文字资料对拉萨长庆唐蕃会盟碑的考释更是典型的案例。他根据"拉萨长庆唐蕃会盟碑"碑阴吐蕃文，知赞普的名号为可黎可足（Khri-gtsug Lde-brtsan），当时是唐长庆纪元，吐蕃纪元为"Skyid-rtag"，即彝泰之义。然后再旁征博引，涉及蒙、满、德、藏、拉丁等语言，并及旧史，又用语言学知识解释何以《蒙古源流》满文和汉文译本（寅恪断定汉译本译自满文本）误将二名为一名，而认为此赞普为达尔玛持松垒。其实持松垒者即可黎可足，而达尔玛者即朗达玛尔，藏文为"Glan darma"为另一人。人名既已确定，时代便易考得。寅恪确定吐蕃可黎可足赞普之彝泰元年，当唐宪宗元和十年，即西历公元815年。并指出《唐会要》、新旧《唐书》及《通鉴》所载年月所以晚二年，因"乃据吐蕃当日来告之年月，而非当时事实发生之真确年月也"。陈寅恪曾说："幸得会盟碑碑阴残字数行，以资考证，千年旧史之误书，异地译音之讹读，皆赖以订正。"但除靠碑阴残字外，此一考证亦充分运用其外文、史识与史学，其精彩自不待言。

第9章

为不古不今之学

中古史研究

　　1937年至1948年的十一年，是陈寅恪坎坷一生中最为艰难困苦的一段时间，他遭遇了国难、家恨、流离、困顿、双眼失明等，他自己多次用"九死一生""死囚""痛哭流涕"等悲痛的字眼形容自己的生活和经历。然而，仔细研究陈寅恪的学术历程，就会发现在这段艰难岁月，他的学术研究不仅没有停止，而且成果颇丰，其关于历史研究的三部代表作都是在这个动乱岁月中完成的，其中《隋唐制度渊源略论稿》完成于1940年，《唐代政治史述论稿》完成于1943年，《元白诗笺证稿》完成于1948年，在此期间还发表了数十篇文章。

　　陈寅恪自从留学回国，学术研究的方向和重心有一个变化，20世纪30年代以前重点是西北史地和中亚地区民族语言研究。后来便把学术研究的重点放在中国历史的中古阶段，1935年他在《陈垣元西域人华化考序》中曾说："寅恪不敢观三代两汉之书，而喜谈中古以降民族文化之史。"实际上也确实如此，他虽然是历史学方面的通才，但重点研究的是魏晋以后的时代，而在抗日战争时期集中转向隋唐时期，他的三部书分别对隋唐时期的政治、社会制度的源流、形成、演变进行了系统研究，他自己在致别人的信中对三部书介绍说："弟近草成一书，名曰《元白诗笺证》，意在阐述唐代社会史事，非敢说诗也。弟前作两书，一论唐代制度，一论唐代政治，此书则言唐代社会风俗耳。"

陈寅恪之所以在抗日战争期间研究隋唐史，除了他学术研究演进和转折的因素外，另有一些因素值得注意，就是图书资料的限制。陈寅恪平时读书十分用心，将读书与学术研究相结合，在读专业书时，随时将发现的问题和心得、见解写在书页上，他仔细阅读的书既是他学术研究的资料，又是他研究体会、心得的笔记。但是，在全面抗战开始的一段时间内，他收藏和批注的书大量丢失，成为其进行学术研究无可弥补的损失。

另外，陈寅恪在清华大学、西南联大一直为中文、历史两系开课，其内容侧重于魏晋南北朝隋唐史，由于陈寅恪备课、上课特别认真，对中古时期的资料相当熟悉，即使手边的原始资料流失严重，凭其深厚的功底也可以继续从事隋唐历史的研究。

陈寅恪在抗战期间完成的第一部专著是《隋唐制度渊源略论稿》，完成于 1940 年。全书共分八部分，其一是叙论，重点叙述了该书的宗旨："兹综合旧籍所载及新出遗文之有关隋唐两朝制度者，分析其因子，推论其源流，成此一书。"陈寅恪在叙论中阐述了隋唐制度的三个渊源，"一曰（北）魏、（北）齐，二曰梁、陈，三曰（西）魏、周"。陈寅恪认为，在三源中，隋唐虽直接承袭（西）魏、周，但是，制度的形成，（西）魏、周之源远不如其他二源之重要。正文分六部分：礼仪（附都城建筑）、职官、刑律、音乐、兵制、财政。正文分别叙述隋唐制度的渊源、形成过程及演变，纠正了史书有关记载不详或偏颇错误之处。在最后一部分"附论"中叙述了作者自己写作此书的缘由。他说："寅恪自惟学识本至浅陋，年来复遭际艰危，仓皇转徙，往日读史笔记及鸠集之资料等悉已散失，然今以随顺世缘故，不能不有所撰述，乃勉强于忧患疾病之中，姑就一时理解记忆之所及，草率写成此书。"很明显，陈寅恪撰写此书有着以史资政、总结历史教训的深意。

陈寅恪在生活转徙不定、贫病交侵的情况下完成了《隋唐制度渊源略论稿》，紧接着又开始了《唐代政治史述论稿》的撰写，自1940年开始，1943年完成。《唐代政治史述论稿》是对《隋唐制度渊源略论稿》在政治方面的拓展和深入，前书主要论述隋唐各种制度的渊源与演变，后书则主要是阐述唐代政治的形成、演变，两者有密切联系，又各有侧重点。陈寅恪在自序中明确叙述两书的内在联系，他说："寅恪尝草《隋唐制度渊源略论稿》，于李唐一代法制诸端，妄有所论述。至于政治史事，以限于体例，未能涉及，兹稿所言则以唐代之政治史为范围，盖所以补前稿之未备也。"《唐代政治史述论稿》分上、中、下三篇，全书从种族和文化入手，分三个专题进行论述：上篇《统治阶级之氏族及其升降》，唐代统治阶级之氏族在长达近三百年的统治中，升降变化主要表现为四个集团的演变和更替。一是唐朝建立至开元时期的关陇集团；二是自武则天时期至开元时期，寒族通过科举致显，逐步占统治地位时期；三是安史之乱后，宦官集团与外廷士大夫集团控制朝政时期；四是藩镇割据的地方首领及胡汉集团。上篇着重论述了这些集团的产生原因及演变过程。中篇《政治革命及党派分野》，论述了唐代皇位继承的不固定性及原因，因此而导致的朝廷士大夫集团党派纷争，同时也论述了皇位继承与宦官集团、士大夫党争错综复杂的矛盾。下篇《外族盛衰之连环性及外患与内政之关系》，着重论述了唐政权盛衰与周边各少数民族兴衰的关系及演变。全书虽分成三篇，但内容联系紧密，首尾一贯，自有体系。后人对陈寅恪《唐代政治史述论稿》评价甚高，认为该书是中国唐史专题研究的杰作，把唐史研究推进到了一个新的时代，《剑桥中国隋唐史》曾这样评价陈寅恪的两部书及相关论文："解释这一时期政治和制度史的第二个大贡献是伟大的中国史学家陈寅恪作出的。在战争年代重庆出版的两部主要著作和四五十年代发表的许多论文中，他提出的关于唐代政治和制度的一个观点远远比以往发表的任何观点扎实、严谨和令人信服。"许多观点和论述为后人所继承和沿用。

史诗互证

陈寅恪自从在清华大学任教后，长期是历史和中文两系的合聘教授，在中文系开设了许多有关中国文化史、文学专体研究、元白诗篇研究等的课程。1943 年，到成都燕京大学任教，仍兼任历史和中文两系教授，为中文系先后开设"元白诗""元白刘诗"等课程，课余开始撰写《元白诗笺证稿》，直至1948 年左右完成，1950 年出版面世。

《元白诗笺证稿》不是从文学的角度对元稹、白居易的诗进行阐释，而是用元、白诗所叙述的史实阐述唐代的社会。陈寅恪凭借其精深的文学功底和丰厚的史学素养，把史学与唐代诗文联系在一起，以诗证史，以史述诗，融会贯通，撰写了一部内容丰富的唐代社会史。从中可以窥探唐代的风俗、社会生活和习尚等，如陈寅恪曾论述唐代士人的思想作风变化，他认为武则天执政以后，重用寒族出身的士人，而新兴进士阶级，不拘礼法，而元稹、白居易都是新兴阶级成员，出身于寒族。《琵琶行》中的白居易，《莺莺传》里的元稹，他们对男女关系的认识和作风，反映了士人不拘礼法的士风。

从某种意义上说，《元白诗笺证稿》是一部内容丰富的唐代社会史画卷，既可透视政治、文化的大风景，也可窥视精微的细节。如对《琵琶行》的结语"江州司马青衫湿"一句，他特别细致考释了青衫的典故，详细论述了唐代官品服色；考定江州为上州，司马官阶是五品，而五品服色应该是浅绯。白居易服青色，是由于唐制服色不视职事而视官阶，而白官阶是将侍郎，最低级的文散官，按制服浅青色。仅以此为例，不仅使人们解决了对白居易为什么要服青色的疑问，而且对唐代官员服制有了比较清楚的了解，增加了社会史的知识。

陈寅恪在战乱期间撰写的三部关于隋唐时期历史文化的专著，《隋唐制度渊源略论稿》着重论述了隋唐各种制度的渊源、形成及其演变；《唐代政治史述论稿》侧重唐代政治的演变及其政权兴衰变化；《元白诗笺论稿》则是用新视角对唐代社会史进行了阐述。三部书相互补充，彼此呼应，将隋唐史的研究推进了一个新的时代。同时，陈寅恪隋唐史研究对后世也产生了重要而深刻的影响。

第 10 章

颂 红 妆

《论再生缘》公案

陈寅恪自 20 世纪 50 年代初，研究方向再次发生了重大转变，开始进行明清文化史的研究，也就是他自己所说的"颂红妆"，其研究成果以《论再生缘》《柳如是别传》两部专著为代表。《论再生缘》一书的撰写始于 1953 年 9 月，大致用了半年的时间，1954 年 2 月完成。《论再生缘》的写作原因相对来说比较简单，而引起的后果和影响却相当强烈。在此后数十年间，许多大师级的人士为此书的内容和撰写意旨曾进行讨论。

1953 年夏，陈寅恪生病，为病中消遣时间，让历史系同学借了一些古代弹词体小说，每天由助手黄萱给他诵读，其中包括清代女子陈端生写的弹词小说《再生缘》。听读之后，陈寅恪对《再生缘》作者的身世、才情颇感兴趣，遂收集资料进行系统研究，撰写了《论再生缘》一书。陈寅恪在书首部分对撰写此书的意旨进行详细的记述："寅恪少喜读小说，虽至鄙陋者亦取寓目。独弹词七字唱之体则略知其内容大意后，辄弃去不复观览，盖厌恶其繁复冗长也。及长游学四方，从师受天竺希腊之文，读其史诗名著，始知所言宗教哲理，固有远胜吾国弹词七字唱者，然其构章遣词，繁复冗长，实与弹词七字唱无甚差异，绝不可以桐城古文义法及江西诗派句律绳之者，而少时厌恶此体小说之意，遂渐减损改易矣。又中岁以后，研治元白长庆体诗，穷其流变，广涉唐五代俗讲之文，于弹词七字唱之体，益复有所心会。衰年病目，废书不观，唯听读小说消日，偶至《再生缘》一书，深有感于其作者之身世，遂稍稍考证其本末，草成此文。承平豢养，无所用心，忖文章之得失，兴窃窕之哀思，聊作无益之事，以遣有涯之生云尔。"

从陈寅恪在起首的这段话中可以看出几个问题：其一，陈寅恪对弹词的认识有一个过程，早年不喜欢弹词体小说唱词，在接受西方文化和系统研究唐代文学以后，对弹词体小说的认识有所改变。其二，陈寅恪对《再生缘》产生兴趣，其中重要原因不是小说的内容，而是小说的文辞优美，更重要地是对其作者的身世和才情产生了兴趣。其三，述说当时的生活环境和自己的思想态度。"承平豢养，无所用心"说明其生活环境安定平静，无所忧虑，而对《再生缘》的研究是一时的兴趣，没有视其为严肃的学术研究，这与他以后不愿意正式出版有相当大的关系，也是以后引起争论应该注意的因素。

陈寅恪对《再生缘》的内容和文辞有所论述和评价，说明了他关注的重点。"今人所以不喜读此书之原因颇多，其最主要者，则以此书思想陈腐，如女扮男装、中状元、作宰相等俗滥可厌之情事。然此类情事之描写，固为昔日小说弹词之通病，其可厌自不待言，寅恪往日所以不喜读此等书者，亦由此故也。……遂取《再生缘》之书，与陈端生个人身世之可考见者相参会，钩索乾隆朝史事之沉隐，玩味《再生缘》文词之优美，然后恍然知《再生缘》实弹词体中空前之作，而陈端生亦当日无数女性中思想最超越之人也。"陈寅恪明确表示了对《再生缘》一书思想内容的陈腐的厌憎和对文辞优美的赞赏。的确，《再生缘》内容庸俗，尽管情节比较曲折，但没有摆脱古代传统小说的框架结构。

《再生缘》取材于元代，女主角孟丽君之未婚夫皇甫少华，为奸人嫉妒陷害而逃亡他乡。奸人更逼孟丽君为妻。孟丽君卒由侍女顶替解脱，改名换姓逃到京城乔装为一男子，应试中三元，官至丞相。其夫流亡数年后亦改名换姓应武试，其考官竟是未婚妻子。事后，皇帝得知相国竟是闺阁少女，竟欲纳之为妃，丽君不屈，气苦交加，陈端生于此戛然而止。后来梁德绳续写三卷，孟丽君上本说明实情，皇太后赦免丽君，于是劳燕分飞的未婚夫妇，终成鸳梦，以大团圆收场。

陈寅恪研究《再生缘》的重点是作者陈端生的身世、文学修养和社会背景。特别是陈端生的家世和身世，以及写作过程与成书年代，陈寅恪进行了系统考辨。虽然资料残缺，能利用一字一句，举一反三，相互呼应。问题虽未尽释，但诚如陈寅恪所说："虽不中亦不远矣！"兹举数例，显示陈寅恪的考证功夫。

其一，作者陈端生的丈夫范某究系何人？陈寅恪根据"范某以科场事为人牵累谪戍"一点线索，穷究乾隆一朝乡试科场案，乃得乾隆四十五年恩科顺天乡试科场一案，必与范某有关。而此案中之范某为范菼，端生之夫是否范菼，因无直接证据，陈寅恪举出许多旁证，其中最有力者，他从旧史中发现一范菼，乃端生之祖兆仑至交范璨之子。陈范两家既"两朝雅故，复同乡里，门户匹对"，婚嫁的可能性很大。经深入考究陈寅恪也看出疑点，即乡试案发生在乾隆四十五年，而该范菼于三十一年前已卒。而《再生缘》中端生自言"幸赖翁姑怜弱质"，而范璨亦已于案发之前亡故，故不能"幸赖翁姑怜弱质"是以陈寅恪推定范菼即端生之夫。但又须作二项假设：第一，范菼先范璨卒一语，乃是讳改；第二，范菼有出继之可能，果

131

尔，则端生书中所谓之"翁"乃葵出继之父，亦即范璨之弟。于此可见寅恪设想之周到，但他并不满意："然欤？否欤？非所敢确言也，然欤？"怅惘之情，跃于纸上。

再据"婿遇赦归，未至家，而□□死"一线索，考证范某遇赦之期，以及推测端生逝世之年。寅恪从复杂的历史事实中指证范某遇赦不外二种可能：（一）乾隆八十大庆大赦，（二）嘉庆元年内禅授受庆典大赦。寅恪推定："范葵实以嘉庆元年授受大典恩赦获归。"而端生的年寿，"无论如何，至少为四十岁，至多不能超过四十五岁，总以四十或四十一岁最为可能"。

其二，寅恪推求《再生缘》写成的年月及地点，端生自言开始写作之后一年，随父到登州就任，陈寅恪考得端生父玉敦于乾隆三十四年八月改官山东登州府同知，因而得知《再生缘》始作于乾隆三十三年。再据书中所说"秋夜初寒"，推知"季秋月"。至于地点，则据端生父亲的行踪，以及书中所描述的景物，推定北京外廊营陈氏旧宅为"《再生缘》发祥之所"。

其三，对于《再生缘》内容的研究和评价，陈寅恪将《再生缘》的结构和内容归纳成三大突出之点：一是思想的超越新颖，特别强调端生对旧社会轻视女子的抗议。二是指出全书结构精密有系统，为吾国旧小说中所少见。三是陈寅恪赞赏端生所作文辞优美，对偶韵律自由活泼，不为格调所拘。可见陈寅恪对《再生缘》一书之欣赏，固不仅仅在对其作者身世之感伤而已。如谓："玩味《再生缘》文词之优美，然后恍然知《再生缘》实弹词体中空前之作，而陈端生亦当日无数女性中思想最超越之人也。"

陈寅恪同情陈端生身世与才华，又联系自己的身世和经历，如同看戏的台下观众，往往随戏的情节而入戏，其感情与戏剧情节共同变化。陈寅恪研究《再生缘》而感触颇深，他在研究《再生缘》期间有感书中情节而写诗两首，颇似观众与戏曲演员关系，题目是《癸巳秋夜听读清乾隆时钱唐才女陈端生所著〈再生缘〉卷十七第六十五回中"惟是此书知者久浙江一省遍相传髫年戏笔殊堪笑反胜那沦落文章不值钱"之语及陈文述〈西泠闺咏〉卷十五绘影阁咏家□□诗"从古才人易沦谪，悔教夫婿觅封侯"之句感赋二律》：

> 地变天荒总未知，独听凤纸写相思。
> 高楼秋夜灯前泪，异代春闺梦里词。
> 绝世才华偏命薄，戍边离恨更归迟。
> 文章我自甘沦落，不觅封侯但觅诗。

诗中前四句写陈端生撰写《再生缘》时的背景和思想状态，接着描写陈端生的身世，生在重男轻女的社会，虽有才华而不为重视，丈夫又因案流放，归时则端生已死。末联套端生诗"从古才人易沦谪，悔教夫婿觅封侯"及"沦落文章不值钱"而成。

> 一卷悲吟墨尚新，当时恩怨久成尘。
> 上清自昔伤沦谪，下里何人喻苦辛。
> 彤管声名终寂寂，青丘金鼓又振振。
> 论诗我亦弹词体，怅望千秋泪湿巾。

第二首诗着重写寅恪读《再生缘》的感触，形同台下之观众。清乾隆时的"悲吟""恩怨"已成如尘往事，寅恪不过是喻异代"苦辛"而已。但今古人事与感情亦未尝没有相似之处，如"彤管声名""青丘金鼓"等等，陈寅恪本人亦喜弹词体。于是，"怅望千秋"，不禁"泪湿巾"也。

陈寅恪对陈端生身世际遇的考证过程中，感慨其年纪轻轻就撰写《再生缘》，且自信能完成，却由于人事俗累所牵制而没能完成，由此陈寅恪联系到自己生活道路坎坷，青年时期的学术志愿难以实现而伤感不已："呜呼！端生于乾隆三十五年辍写《再生缘》时，年仅二十岁耳。以端生之才思敏捷，当日亦自谓可以完成此书，绝无疑义。岂知竟为人事俗累所牵，遂不得不中辍。虽后来勉强续成一卷，而卒非全璧，遗憾无穷。至若'禅机蚤悟'，俗累终牵，以致暮齿无成，如寅恪今日者，更何足道哉！更何足道哉！"后人曾对陈寅恪"俗累终牵，以致暮齿无成"的感叹提出质疑，"无成"是指什么。如果对陈寅恪的后半生进行深入研究，认真研究其《赠蒋秉南序》应该能找出答案，至少可以受到启发。

《论再生缘》大约在 1954 年春季后定稿，并在定稿前后便找人进行誊抄和刻写蜡版，刻写后交学校油印，陈寅恪坚持自付刻写、纸张、印刷等费用。《论再生缘》由陈寅恪自己出资油印了数百册，分赠好友。其中一部分流传海外，由于此书引起了部分学人的注意，在海外影响颇大，并由此引起对陈寅恪思想历程的争论。

在海外关注陈寅恪《论再生缘》一书的是余英时。余英时当时在美国，他曾记述其接触《论再生缘》油印本的经过和撰写《陈寅恪〈论再生缘〉书后》的因由。他曾叙述说："1958年的秋天，我偶然在美国麻省剑桥发现了《论再生缘》的油印本，是辗转由台北'中央研究院'传来的。读了之后，我个人在精神上、情感上都受到极大的震动；深觉这不是一篇普通的考证文字，因为字里行间到处跃动着作者的情感与生命。尤其是全文不仅充满了家国兴亡的感慨，而且随处附见他自己所写的诗篇。陈先生治佛教及文学史，最重视著作的体例。所以他解释《长恨歌》首先要说明'文体之关系'，读《洛阳伽蓝记》则发明僧徒'合本子注'的体裁，甚至他自撰《隋唐制度渊源略论稿》也特别声明其书体制是'微仿天竺佛教释经论之例'。所以《论再生缘》一文的特殊风格乃出于陈先生的自觉的选择。其目的便是为了使'家国兴亡哀痛之情感，于一篇之中，能融化贯彻'（《论再生缘》中语）。我当时自信颇识作者用心，所以写了一篇《陈寅恪先生〈论再生缘〉书后》，发表在香港 1958 年 12 月号的《人生》杂志上。与此同时，我又与香港的友联出版社接洽，希望该社能把《论再生缘》正式排印出来，以飨海外读者。当时友联负责接洽者是已故友人胡欣平兄（司马长风），但我不太清楚所借阅的'油印本'是否台北'中央研究院'所刊布，更不清楚有无版权问题。为了谨慎起见，我特别请友联在出版时不要提及我的关系，只诡称在香港觅得即可。我并且请出版社不要把我的《书后》附载书末，以免攀附骥尾之嫌。"1959 年，香港友联出版社出版了《论再生缘》。在书的《出版说明》中简要叙述了出版《论再生缘》的因由：去年 12 月，香港《人生》杂志刊有余英时先生所作《陈寅恪先生〈论再生缘〉书后》一文，得知陈先生在 1954 年写了《论再生缘》这部书。不过此书未见出版，余先生称系从友人处见到一种油印本，想是此书不得在大陆出版，就有人抄传到海外来了。嗣经本所多方托人物色此油印本，最近始如愿以偿；核其内容，与余文中所提各节均极符合，而写作章法和行文风格，与过去陈先生之著作亦毫无不同，因知这确是陈先生的手笔，并非赝品。

余英时在《陈寅恪〈论再生缘〉书后》中根据自己的理解和感悟，着重论述了陈寅恪撰写《论再生缘》的心情与社会环境。余英时当时对陈寅恪的生活情况和思想状态了解甚少，仅根据陈寅恪撰著《论再生缘》所表露出来的思想情感进行分析，认为陈寅恪撰写《论再生缘》主要是借考证《再生缘》作者陈端生之身世以寓自伤之意，故一则曰："偶听读《再生缘》，深感陈端生之身世，因草此文。"再则曰："江都汪中者，有清中叶极富盛名之文士，而又与端生生值同时者也。作《吊马守真文》，以寓自伤之意……"

首先，感于端生之"绝世才华偏薄命"，遂不能自抑其哀思。夫端生之夫以累谪戍，及遇赦归，未至家而端生已卒，此

135

诚可谓之薄命。至若陈先生少时以世家子弟游学四方，归国后执教清华大学，名满天下。虽五十以后双目失明，而学术界固犹拱之若连城之璧。抑更有进者，吾国名史家而目盲者在前有左丘明，在后有钱大昕；辛楣病目已在衰暮，固似视陈先生为差幸；而"左丘失明，厥有国语"其遭遇较之先生固更有令人同情者在也。今以先生拟之于端生之薄命，得毋不伦之甚邪？……如"北归端恐待来生"下自注云："寅恪案，十六年前作此诗，句中竟有端生之名'岂是蚕为今日谶'耶！噫！"复云："自是求医万里，乞食多门，务观赵庄之语，意'蚕为今日谶'矣！"观乎此，则陈先生之所以吊端生之薄命者，亦正所以伤自身之飘零也。

其次，感于端生之生不逢辰，故前引文中已有"容甫之言其在当日，信有征矣！"之语，意谓端生以才女而生当"女子无才便是德"之时代中，无怪其遭逢坎坷，抱恨以终也。陈先生于论及《再生缘》之思想时云："端生此等自由及自尊即独立之思想，在当日及其后百余年间，俱足惊世骇俗，自为一般人所非议，……抱如是之理想，生若彼之时代，其遭逢困厄，声名湮没，又何足异哉！又何足异哉！"陈先生之所以于端生之不能见容于当世，一再致其叹息者，实以彼自身今日之处境殊有类乎才女之在往昔。故文末有云："又所至感者，则衰病流离，撰文授学，身虽同于赵庄负鼓之盲翁，事则等于广州弹弦之瞽女。"合而观之其意不亦显然欤？

余英时对《论再生缘》的评论和力促其在香港的出版，给陈寅恪带来一定影响。1959年友联图书编译所将《论再生缘》排印出版，随即该书"传播海外，议论纷纷"。大多数海外人士认为《论再生缘》"充满了家国兴亡的感慨"，其时大陆政治运动频频开展，自然灾害严重给国民经济造成恶果，台湾的国民党残余力量叫嚣要反攻大陆。这些无法抹掉的时代背景，令人们眼中的陈寅恪所抒发的"家国兴亡的感慨"，具有很浓的现实政治色彩。

其实，中山大学早在 1953 年便已经知道陈寅恪在研究《再生缘》。该年汪篯南下访师时已向校方汇报过此事。翌年学校教材科油印《论再生缘》一稿共得一百零五本，其中一百本交陈寅恪，五本教材科留下存档。但是，当时领导层并未高度注意，当《论再生缘》在香港正式出版后，校方开始严厉追查《论再生缘》是如何流出境外的。中山大学一些有可能接触该文的人都受到了审查。

陈寅恪得知中山大学追查《论再生缘》流向香港的原因时，他首先让黄萱将油印本《论再生缘》亲手交给校方，含送交审查之意，同时让唐筼代表自己亲自向冯乃超作了说明。冯乃超了解事情原委后明确表示，党信任陈寅恪，"不会让别人挑拨得逞"。

陈寅恪《论再生缘》一文油印本在国内流传产生了一定的影响。1960 年 12 月，郭沫若经人介绍看了陈寅恪的《论再生缘》，开始对《论再生缘》和《再生缘》原著产生了浓厚兴趣，他用了几个月的时间认真阅读了《再生缘》的各种刻本，对各种刻本及其作者也进行了认真研究。

1961 年 5 月 4 日，郭沫若第一次在《光明日报》撰文，全面评价《再生缘》。这篇题为《〈再生缘〉前十七卷和它的作者陈端生》的论文，一万三千多字，文章对陈端生及其《再生缘》都给予了较高评价，称赞陈端生"的确是一位天才作家"，将《再生缘》与同时代的几部小说相比较，明确表示："《再生缘》比《天花雨》好。如果要和《红楼梦》相比，与其说'南花北梦'，倒不如说'南缘北梦'。"可以说与陈寅恪一样，他对《再生缘》给予了高度评价。

郭沫若发表第一篇关于《再生缘》的文章后没有停止，继续对《再生缘》及其作品进行研究，从 1961 年 5 月到 1962 年 1 月，在不到一年的时间里，在《光明日报》《羊城晚报》等报刊上连续发表了八篇相关论文，其中对陈寅恪的研究给予肯定，他曾说："《再生缘》之被再认识，首先应该归功于陈寅恪教授。""我没有想出：那样渊博的，在我们看来是雅人深致的老诗人（指陈寅恪）却那样欣赏弹词。"在一年多的研究中，郭沫若除了赞成陈寅恪对《再生缘》及其作者很高的评价外，主要对陈端生的身世的一些细节提出了与陈寅恪不同的意见，并对自己的观点作了多次阐述。

郭沫若系列文章轰动一时。学界不断有讨论文章与之呼应，《再生缘》骤然成为文化界的一个热点。《再生缘》在旧戏曲中早就被改编过，名字和内容有些差异，最常见的一出戏名叫《孟丽君》。20 世纪 60 年代文艺界有喜欢追随史学界热点的习俗，故旧戏《孟丽君》一时受宠，各地戏班纷纷改编上演。此可视作郭沫若推广《再生缘》的功劳。

据蒋天枢《陈寅恪先生编年事辑》1954 年记载："二月，《论再生缘》初稿完成。自出资油印若干册。后郭院长沫若撰文辩难，又作《校补记》。"1964 年 10 月，陈寅恪为《论再生缘校补记》作序："《论再生缘》一文乃颓龄戏笔，疏误可笑。然传播中外，议论纷纭。因而发见新材料，有为前所未知者，自应补正。兹辑为一编，附载简末，亦可别行。至于原文，悉仍其旧，不复改易，盖以存著作之初旨也。噫！所南《心史》，固非吴井之藏。孙盛《阳秋》，同是辽东之本。点佛弟之额粉，久已先干。裹王娘之脚条，长则更臭。知我罪我，请俟来世。"陈寅恪将新发现的有关《再生缘》的新资料辑为一篇，附在《论再生缘》之后，供阅读者和研究者参考，至于原文保持原貌，供后人研究作者之初旨。陈寅恪的《校补记后序》可以看作对海内外研究《论再生缘》一书的回应。

《柳如是别传》的撰写

1961 年秋，陈寅恪好友吴宓远道来访，陈寅恪在赠诗中曾表白自己生活和学术研究状况："留命任教加白眼，著书唯剩颂红妆。"其"颂红妆"主要是指陈寅恪晚年的两部著作，一部是《论再生缘》，另一部是《柳如是别传》。

《柳如是别传》（初名《钱柳姻缘诗释证稿》），始撰于 1954 年，完成于 1964 年，是陈寅恪最后也是他生平最大的一部著作。陈寅恪穷十年功夫，在眼睛失明、身体衰弱、社会环境复杂多变的情况下完成的具有八十余万言的巨著。陈寅恪撰著此书绝非"为无益之事，以遣有生之年"，其中必蕴藏着深刻的内涵，后人曾费心探讨，但得出的结论不同，综合而言这正是我们需要不断努力探讨的。

关于《柳如是别传》的创作意旨，可以从两个方面认识：

其一，表彰民族独立之精神，自由之思想。1961 年，陈寅恪曾向吴宓叙述其对柳如是研究之大纲，吴宓在日记中记述说："总之，寅恪之研究'红妆'之身世与著作，盖借此以察出当时政治（夷夏）、道德（气节）之真实情况，盖有深意存焉，绝非消闲、风流之行事……"这是对《柳如是别传》的撰作意旨最真切、最真实的评价，与寅恪先生在《缘起》中的自白完全一致："披寻钱柳之篇什于残阙毁禁之余，往往窥见其孤怀遗恨，有可以令人感泣不能自已者焉，夫三户亡秦之志，九章哀郢之辞，即发自当日之士大夫，尤应珍惜引申，以表彰我民族独立之精神，自由之思想。何况出于婉娈倚门之少女，绸缪鼓瑟之小妇，而又为当时迂腐者所深诋，后世轻薄者所厚诬之人哉！"陈寅恪通过对柳如是、钱谦益的深入研究表彰其民族精神，也有为其洗冤平反的深意。

其二，"**自验所学之深浅**"。《柳如是别传》全书充满着诗文的考释，对钱、柳以及相关人的作品，其年月日、背景、古典、今典一一考订，精细入微，有人便认为本书属考证之作，甚至以为流于烦琐。本书某些考证是否烦琐，有可商榷之处，但通读全书可以得出结论，是书绝非属考证之作。其书《缘起》中有这样的话："寅恪释证钱柳之诗，于时地人三者考之较详，盖所以补遵王（钱曾）原注之缺也。"这只是其中的一个方面。陈寅恪一生研究历史和治学，对史料极为重视，认为只有丰富准确的史实，才能使推论无误。《柳如是别传》搜集了明清之际各家的诗文，对当时一批名士的一举一动，考释清楚，这种考释正好印证了正史的不足。诗文证史要做到精细，没有深厚的国学基础，不能为之，《柳如是别传》便是明证，陈寅恪自称撰写作此书是"自验所学之深浅"，其意实可供读者研究体会。

关于《柳如是别传》写作的原因，陈寅恪在《缘起》部分已经说得很清楚，不过仍有人根据书中的评论、针砭时事，以及感怀身世而发的慨叹，便以为他有意将柳如是比附某人，是有针对性的。是否如此，读者只要不带成见，不作牵强的揣测，自会得出结论。陈寅恪晚年学术研究的助手之一胡守为曾对陈寅恪研究钱谦益、柳如是的因由提供旁证，他说："这里我提供一件事实，'文化大革命'前夕，一些史学著作已被歪曲为带有不可告人的政治目的而遭到批判。一天陈师母对我说，《柳如是别传》有为钱谦益申辩，有郑成功从海外进攻南京之事，是否会被认为替汉奸翻案，为蒋介石反攻大陆张目？要不要删改？我当时认为上述两点既非作者原意，应保持原状。由此可知，陈先生的著述，避嫌唯恐不及，何至于故意比附？以史为鉴是史学的重要功能，陈先生的史学著作当然会有这方面的意向。但以史为鉴与影射史学究竟是两回事，把陈先生晚年花了十年功夫，在极端困难的条件下完成，且意为传世之作的《柳如是别传》，视为是为了某种影射，于情于理都是不通的。"

陈寅恪从钱、柳的家变，演示出一幅明清之际的社会图貌。据统计，陈寅恪为写作本书参阅过的典籍在一千种以上，这对于身体正常的人来说，也是不易做到的。故称《柳如是别传》的著述为学术史中的奇迹毫不为过。陈寅恪的助手黄萱女士曾感叹说："寅师以失明的晚年，不惮辛苦，经之营之，钩稽沉隐，以成此稿。其坚毅之精神，真有惊天地泣鬼神的气概。"后人读此书，了解陈寅恪当时的身体与生活状况，肯定会有相同感想。

《柳如是别传》以柳如是与钱谦益姻缘为主线，系统论述明末清初文人的社会生活和政治环境。全书约八十二万字，共分五章，第一章《缘起》，是阐述该专题研究的原因与意旨。第二章、第三章考证并阐述了柳如是前半生的坎坷经历。柳如是名世，复字如是，号武闻居士，嫁与钱谦益后，号河东君。早年出身青楼，后入同里徐佛家为婢，又由徐家转入吴江故相周道登家为妾，不容于周太夫人被逐，流落世间。辗转数年，至松江与几社名士陈子龙（云间孝廉）、宋徵舆、李待问、谢三宾交游，诗歌唱酬，因而增长她对时事之认识，同时也提高了她的诗文造诣。在此段交往中，柳如是最大的收获是得以邂逅陈子龙，两人曾有短期同居的生活。柳陈二人年纪虽差十岁，但才性相近，二人同居期间曾是柳氏最欢愉的日子。可惜因陈子龙家庭诸多原因，二人分手。第四章主要研究钱柳姻缘。柳如是与陈子龙分手后，往来于松江、杭州等地，由杭州汪然明为媒，与钱谦益结缡，钱晚年有此艳遇，大喜之余，竟敢力破世俗陋见，以匹嫡之礼迎为继室，柳如是自此与牧翁相敬如宾、诗词唱和，共同度过一段平静的幸福生活。陈寅恪将柳如是这个时期的活动分为三期，根据有关资料进行了详尽的论述与考辨。第五章，详考柳如是于清军入关后以一女子推动复明运动，促使钱氏阳为失节，暗为布置反清，成为配合郑成功北伐之策划者、实施者。陈寅恪在此章中以诗词证史为法，将柳、钱之孤怀遗恨，发其"三户亡秦之志，九章哀郢之辞"，为其翻案洗冤，更表彰柳氏之人格坚毅，与起义殉国者之忠义英烈有相同之处。

《柳如是别传》的研究方法，归纳起来，有如下特点：一是承继了乾嘉学派考据学的优秀传统，如严谨的考据方法，辨别古书、史料真伪，以及疑古、求实精神等。二是其以诗证史，又以史释诗的研究方法行事。《柳如是别传》属于这方面的典型的成功著作。陈寅恪这种研究方法对考订史实的真伪、加强论据的完备和准确性，尤其是对历史人物的思想的钩稽起着重要的作用，可补史乘之阙如，修正历史记载的错误等。三是对历史人物的评价，放在当时的历史环境中去认识和评论。钱谦益经历复杂，后人对其评价差异很大。陈寅恪则根据历史事实与他的行为特点进行客观评价，褒贬适宜。对钱牧斋的恶劣品行，进行了无情的揭露。特别是在顺治二年五月多铎率清军至南京，钱谦益以礼部尚书率先以城降，被斥为无耻"丑行"。但对钱谦益进行复明活动，则认为"亦关民族兴亡之大计"，表示称许赞同态度，从而对钱谦益所写的作品，给予高度的评价。四是充分体现了陈寅恪学术研究的严谨学风，在书中多次以存疑待问地提出问题，供大家研究参考而不是轻易下结论，显示了大家学术研究严谨的风范。

第 11 章

志向与追求

续命河汾

陈寅恪是一代学术大师，对其所学及学术成就很难作准确的价值判断，但对他的学术渊源、学术研究的方法及成就进行研究与阐释大有人在，进行初步总结和梳理也是后人的责任。

陈寅恪一生取得学术成就，成为"三百年之一人"，其后人难以企及。对陈寅恪了解较多的周一良总结陈寅恪成就一代学人具有四个原因或条件："非凡天资，博览群书，良好训练，刻苦勤奋。"这四个条件既有先天的，也有后天的，既有主观的，也有客观的，而四者具备于一人，近代史上学者为数不多。陈寅恪生活道路虽然坎坷，但确实具备了这四个条件，所以这是他取得学术成就的深层原因。

陈寅恪在《赠蒋秉南序》中曾对自己一生行为和志向进行简单的评价。其中在谈到自己没能实现也无法实现的志向时说："至若追踪昔贤，幽居疏属之南，汾水之曲，守先哲之遗范，托末契于后生者，则有如方丈蓬莱，渺不可即，徒寄之梦寐，存乎遐想而已。"特别使他感到沉痛的是："呜呼，此岂寅少时所自待及异日他人所望于寅恪者哉?"陈寅恪自待和异日他人所望于寅恪的是什么? 从这一段话可以看出其志向有两层含意:一是以隋代王通自况,承前启后,发扬光大中国的文化学术;二是像王通那样培养一批社会的栋梁之材,推动社会的发展与进步,建立像唐初那样的治世。陈寅恪在诗文中不止一次表白像隐居在"疏属之南,汾水之曲"的王通那样"讲道劝义",发扬学术,培养学术上传承继绝、社会中挽救危亡、开启治世之人才。

王通是隋唐之际的著名学者,据《文中子中说》卷三《事君篇》记载:(文中)子曰:"疏属之南,汾水之曲,有先人之弊庐在,可以避风雨;有田可以具饘粥。弹琴著书,讲道劝义,自乐也。""疏属之南,汾水之曲"是指黄河、汾水的汇流地域,有时也称"河汾",是隋末战乱时期王通隐居讲学的地方。在此地,王通"弹琴著书,讲道劝义",一方面著书立说,传承儒家文化,一方面讲道劝义,设学授徒,培养出许多治国理乱的干才。

王通的学生中有的在结束隋末战乱,为唐王朝的建立与统一中运筹帷幄,决胜战场,建立了卓越功勋,如李靖、魏徵等人;有的在唐开国后决策朝廷,治国理政,为唐贞观之治作出了重要贡献,如房玄龄、杜如晦等人;也有人传承学术,弘扬儒学方面闻名于当时和后世,如窦威、姚义、薛收等人。陈寅恪自1925年回国到清华国学研究院任教,就抱有续命河汾、传承学术、弘扬文化、为国培养人才的志向,他在诗文中不只一次地表达这种志向,如在1950年《叶遐庵(恭绰)自香港寄诗询近状赋此答之》诗中有"招魂楚泽心虽在,续命河汾梦亦休。"直到1958年,陈寅恪教学受到批判,指责他授业是"贻误青年",对他的指责令其十分伤心,他愤而向中山大学提出要求:"坚决不再开课,办理退休手续。"学校领导许崇清、冯乃超等人多次登门道歉和挽留，陈寅恪勉强收回退休和不搬出学校的要求，但仍坚持"不再上课"，从此告别了耕耘三十多年的教坛。陈寅恪离开教坛后对续命河汾事业的使命感和责任心仍耿耿于怀。1962年在《壬寅小雪夜病榻作》诗中再次叙述了此种志向和遗憾，同时也充满了无法实现其志向的怨愤之情："任教忧患满人间，欲隐巢由不买山。剩有文章供笑骂，那能诗赋动江关。今生积恨应销骨，后世相知傥破颜。疏属汾南何等事，衰残无命敢追攀。"两年后，在《赠蒋秉南序》中沉痛地叙述了"续命河汾"志向的破灭，只剩下坚持学术研究的名山事业。

藏山付托不须辞

1962年陈寅恪腿摔断，身心俱受到沉重的打击，其间友人前去探望，他谈及自己身心状况与命运时用三句话来概括：左丘失明，孙子膑足，日暮西山。形象表明了自己身心所遭受的打击，意识到自己接近了生命的终点，他腿伤后曾预料自己最多只有三年的寿命。开始紧张地准备自己的后事，其中最重要的是整理看得比自己生命还重要的著述遗稿，在妻子女儿和助手黄萱等人的帮助下，修订自己已发表的论著，编辑自己的专集。更费气力地修改和编辑没有出版和发表的文稿。据助手黄萱回忆：陈寅恪著述最伤神的是写成初稿后的修改，有时前一天写得很顺畅，隔天便又要进行大篇幅的增删修改，反复思考，修改，字斟句酌，犹不能定稿，成为陈寅恪著述的一个特点。陈寅恪的几部出版的论著都以"稿"名之，他个人的解释就是还不算定论，还可以再加修订。

整理著述论稿的工作在陈寅恪断腿住院期间便已经开始了，参与其事的除助手黄萱、胡守为等人外，妻子女儿和护理人员也参与了其事。陈寅恪躺在病床上随时思考着学术问题，一有闪现的火花，便让值班护士记录下来，然后找时间向助手吩咐交代，查找补充资料，进行修改。整个住院期间，黄萱依然到病房协助著述，出院后则每天到陈寅恪病榻前从事记录整理文稿。1963 年，陈寅恪在编订《金明馆丛稿》论文集后，曾作自序记述整理的过程："此旧稿不拘作成年月先后，亦不论其内容性质，但随手便利，略加补正，写成清本，即付梓人，以免再度散失，殊不足言著述也。"很明显，整理编辑稿件的目的是便于保存，以免散失，以期有出版面世的机会。

整理编订《金明馆丛稿》后，陈寅恪又决定将《柳如是别传》等未刊稿及其散于各处的诗稿进行整理、誊抄及复写，以便分别保存，以免散失。其中黄萱主要负责誊写书稿，唐篔则主要负责陈寅恪诗稿的抄写和编辑，书稿和诗稿都抄写了两份以上，分别进行保存。陈寅恪整理、誊写文稿的目的很明显，自知这些文稿和诗稿在自己生前已无出版希望，应妥善保存，在以后适当的时候出版面世，藏之名山，以俟后世。但是托付何人，一直尚未觅到合适的人选。正在此时，陈寅恪七十五岁寿辰到来，早年任教清华国学研究院时的学生蒋天枢前来祝寿，陈寅恪决定将毕生心血托付给蒋天枢。

蒋天枢（1903~1988），字秉南，曾是清华国学研究院第二期学生，毕业后长期任教于上海复旦大学中文系，为人忠厚质朴，尊师重道，与陈寅恪保持终生的师生情谊。

1948 年，陈寅恪一家自北平南下在上海停留一个多月，蒋天枢多次前往拜谒。陈寅恪到中山大学任教，在从事《柳如是别传》的撰写过程中，蒋天枢多方提供资料，是陈寅恪信赖的学生。

1964 年 5 月 29 日，蒋天枢南下广州探望并为老师祝寿。蒋天枢自记曰："本年旧历五月十七日为先生七十五岁诞辰，先期，枢寄奉明袁褧刊本《世说新语》一书为寿。……寄书未几旋即请假赴粤，阳历五月廿十九日下午抵广州站，师母挈小彭妹以车相迓。得以速至东南区一号楼上晋谒。……聆诲之余，师命小彭陪同游览市区及黄花冈、佛山市等地。六月十日，乘飞机返沪。"蒋天枢在陈寅恪身边停留十三天，在此期间，师生二人多次谈论学术，陈寅恪作出了一项重大决定，将自己的著述手稿托付蒋天枢保存，以便适当的时候整理出版。

在此期间，陈寅恪郑重写了《赠蒋秉南序》和三首赠诗。在赠序中，简洁回顾了自己一生和所从事的志业。其中说：

清光绪之季年，寅恪家居白下，一日偶检架上旧书，见有易堂九子集，取而读之，不甚喜其文，唯深美其事。以为魏丘诸子值明清嬗蜕之际，犹能兄弟戚友保聚一地，相与从容讲文论学于乾撼坤岌之际，不谓为天下之至乐大幸，不可也。当读是集时，朝野尚称苟安，寅恪独怀辛有索靖之忧，果未及十稔，神州沸腾，寰宇纷扰。寅恪亦以求学之故，奔走东西洋数万里，终无所成。凡历数十年，遭逢世界大战者二，内战更不胜计。其后失明膑足，栖身岭表，已奄奄垂死，将就木矣。默念平生固未尝侮食自矜，曲学阿世，似可告慰友朋。

陈寅恪在简要回忆自己坎坷多难的一生的同时，强调了自己终生坚守"独立之精神，自由之思想"，无论什么样的政治环境和生活条件都"未尝侮食自矜，曲学阿世"。一个奄奄待死、行将就木的老人如此评价自己，蒋天枢评论其先生"一生操持峻洁，自少至老始终如一"，结合陈寅恪一生行事，应该说其评价是确切的。

陈寅恪在赠序中以宋代文化为例，特别强调了学术文化对社会的影响。陈寅恪通过对中国传统文化的发展历程深入研究，认为宋代对唐中期以后的学术文化进行了彻底改造，一方面学术文化的发展达到了极盛时期，另一方面对世风民俗起了极大的矫正作用，他曾对此阐述说："华夏民族文化，历数千载之演进，造极于赵宋之世，后渐衰微，终必复振。"而陈寅恪认为宋代文化承盛唐之后中衰而复振，自己所处的时代则是继宋代以后衰微将再次复兴，自己应承担这种复兴的责任和使命。所以他在赠序中说："欧阳永叔少学韩昌黎之文，晚撰《五代史记》，作《义儿》《冯道》诸传，贬斥势利，尊崇气节，遂一匡五代之浇漓，返之淳正。故天水一朝之文化，竟为我民族遗留之瑰宝。孰谓空文于治道学术无裨益耶？"在这里陈寅恪对欧阳修、司马光等人曾高度赞许，实际是把他们视为自己的榜样。宋代文化对改造唐中期以后政治、社会习俗，匡正世风起了重要作用，自己的著述于治道学术亦有裨益。也正因为如此，他将自己一生的著述付托给蒋天枢，希望其整理保存，在适当时机出版面世、嘉惠社会。

在蒋天枢拜别返上海时，陈寅恪又赠诗三首，再次强调了将著述托付的深意。其第一首是感谢蒋天枢注重师生情谊，不远千里祝寿问疾，而无法在学术给予帮助。第二、三首则主要叙述了自己将著述手稿托付的意义与原因。其第二首诗说："草间偷活欲何为，圣籍神皋寄所思。拟就罪言盈百万，藏山付托不须辞。"其中叙述自己草间偷活的原因就是从事学术研究，撰写了百万言的不合时宜的"罪言"，要托付给蒋天枢，好好保存，以待未来合适的时候面世。第三首则是对当时学术文化界的批评："俗学阿时似楚咻，可怜无力障东流。河汾洛社同邱貉，此恨绵绵死未休。"对于那些阿时媚世的学人虽然无法阻止，矫正世俗，但是对此死不瞑目。"此恨绵绵死未休"道出了陈寅恪对当时学风世俗的不满。

蒋天枢把陈寅恪的托付视为自己神圣的责任和义务，回到上海后放弃了自己的专业研究，系统整理校勘陈寅恪的著述遗稿。粉碎"四人帮"后，蒋天枢积极努力，在上海古籍出版社出版了《陈寅恪文集》，主要包括了陈寅恪生前编定的著述目录，为后人学习、研究陈寅恪思想提供了较为详细的资料。为了让后人了解陈寅恪的生平事迹和学术成就，蒋天枢特别编撰了《陈寅恪先生编年事辑》，较为系统地记述陈寅恪一生坎坷的经历和著述，作为《陈寅恪文集》的附录。《陈寅恪文集》出版后，蒋天枢继续整理和收集陈寅恪的著述资料，订补《陈寅恪先生编年事辑》，直至去世。《陈寅恪先生编年事辑》1997年由上海古籍出版社出版，除保存原附录的陈寅恪的两篇讲稿外，又补充了蒋天枢撰写的关于记述陈寅恪生平事迹的文字。蒋天枢在《陈寅恪先生编年事辑（增订本）》题识中写道："追怀1964年夏谒先生于广州，复承教诲，一别遂不获再见，恸何如之！所知粗疏缺略，不敢名曰年谱，故题'编年事辑'云"。蒋天枢从事陈寅恪著述资料的保存、整理和研究，缘于陈寅恪1964年的托付。而陈寅恪的《赠蒋秉南序》和蒋天枢为陈寅恪著述保存和出版所作的努力俱广为流传，深受后人赞颂。

附　录

年　谱

1890 年（光绪十六年）　7 月 3 日（农历五月十七日）生于湖南省长沙周
　　达武宅（即唐刘蜕故宅地）。

1901 年（光绪二十七年）　全家定居金陵头条巷后，父陈三立等人共办思
　　益学堂，迎师教读，陈寅恪兄弟、俞大维兄弟、茅以升兄弟均在其中
　　就读。

1902 年（光绪二十八年）　随兄陈衡恪（师曾）东渡日本留学。

1904 年（光绪三十年）　暑假返国，与兄隆恪同考取官费留日，冬，同隆
　　恪再赴日本。次年因患脚气病返国疗养。

1907 年（光绪三十三年）　插班考入上海复旦公学（高中程度）。

1909 年（宣统元年）　复旦公学毕业。秋，由亲友资助赴德，入柏林大学
　　学习。

1911 年（宣统三年）　在柏林大学。春，游挪威。秋，至瑞士，入苏黎世
　　大学。

1913 年　在法国巴黎大学读书。

1914 年　初，仍在巴黎大学读书。秋，江西省教育司电召回国阅江西省留
　　德学生考卷连续三年，并许补江西省留学官费。

1918 年　11 月，由上海赴美，次年，入哈佛大学学习梵文、巴利文、希
　　腊文等。

1921 年　9 月，离美再赴德，入柏林大学研究院，研究梵文和东方古文
　　字学。

1925 年　春，北京清华学校创办国学研究院，经吴宓等人推荐，被聘为
　　导师。

1926 年　秋，任清华学校国学研究院教授。暑假后，讲授佛经翻译文学。

1927年　5月3日，王国维自沉于颐和园昆明湖中。陈寅恪参与料理丧事，并作诗文悼念。

1928年　清华学校更名为"国立清华大学"。7月17日，与唐篔在上海结婚。

1929年　为王国维纪念碑题写碑铭。秋，清华国学研究院宣布停办，改聘为清华大学中文、历史两系合聘教授。同年，历史语言研究所迁至北平，被聘为研究员兼历史学组主任。

1935年　迁居清华大学新西院。

1937年　7月7日，卢沟桥事变发生，清华大学迁往长沙，陈寅恪一家亦随校南迁。

1938年　清华大学西迁昆明，与北京大学和南开大学联合组成西南联合大学，受聘为该校教授。

1939年　春，陈寅恪应英国牛津大学汉学教授之聘，并被授予英国皇家学会研究员职称。夏，离昆明赴香港拟搭乘轮船去英国，因欧战爆发，滞留香港。9月，自香港重返昆明。

1940年　夏，赴港，待机去英国，被聘为香港大学客座教授。

1941年　春，陈寅恪由香港飞往重庆参加中央研究院评议会。会后，又飞回香港，继续任教于香港大学。是年，《唐代政治史述论稿》脱稿。

1942年　春，闲居香港，拒绝日本人的聘任。5月5日，重返内地。6月末抵桂林，任教于广西大学。

1943年　8月，由桂林启程北行，11月到达重庆并短暂停留。12月底到达成都，任教于燕京大学。

1945年　春，左眼疾加重，致失明。秋，受英国皇家学会之约飞赴英国治疗目疾。

1946年　春，陈寅恪离英归国，于4月在美国纽约作短暂逗留，于是年夏至南京。10月，由海道返清华大学。

1948年　12月5日，因国内战争迫近北平，飞赴南京，后又至上海。

1949年　1月16日，由上海乘轮船到达广州，任教于岭南大学，兼任中文、历史两系教授。

1952年　9月，全国院系调整，陈寅恪为中山大学历史系教授。

1953年　撰写了《论再生缘》。

1954年　春，国务院派汪篯赴广州，迎陈寅恪任中国科学院历史研究第二所所长，陈辞谢不就。始撰《柳如是别传》。

1958年　全国掀起批判"厚今薄古"运动，陈寅恪受到批判，不再授课。

1959年　中宣部副部长周扬访陈寅恪，谈及教育问题。

1961年　7月，吴宓自重庆来广州，拜访陈寅恪，故友重逢。

1962年　春，陶铸陪同胡乔木到中山大学看望陈寅恪，谈及陈寅恪旧稿重印事。

1966年　6月6日，广州"文化大革命"开始，陈寅恪受到批斗。

1969年　10月7日晨5时半，陈寅恪逝世。

参考书目

1. 陈寅恪：《陈寅恪集》，生活·读书·新知三联书店，2009年。

2. 余英时：《陈寅恪晚年诗文释证》，东大图书公司，1998年。

3. 陆键东：《陈寅恪的最后二十年》，三联书店出版社，1995年。

4. 汪荣祖：《史家陈寅恪传》，北京大学出版社，2005年。

5. 蒋天枢：《陈寅恪先生编年事辑》，上海古籍出版社，1997年。

6. 张杰、杨燕丽选编：《解析陈寅恪》，社会科学文献出版社，1999年。

7. 吴定宇：《学人魂：陈寅恪传》，上海文艺出版社，1996年。

8. 岳南：《陈寅恪与傅斯年》，陕西师范大学出版社，2008年。

9. 叶绍荣：《陈寅恪家世》，中国文史出版社，2009年。

10. 侯宏堂：《"新宋学"之建构——从陈寅恪、钱穆到余英时》，安徽教育出版社，2009年。

11. 李玉梅：《陈寅恪之史学》，三联书店（香港）有限公司，1997年。

12. 刘斌等编著：《寂寞陈寅恪》，华文出版社，2007年。

13. 张杰、杨燕丽选编：《追忆陈寅恪》，社会科学文献出版社，1999年。

"大家精要"丛书

中国人物

近现代		外国人物（续）

中国人物：

近现代
- 胡秋原
- 唐君毅
- 徐复观
- 贺麟
- 方东美
- 刘咸炘
- 傅斯年
- 冯友兰
- 钱穆
- 顾颉刚
- 胡适
- 陈寅恪
- 马一浮
- 李叔同
- 王国维
- 梁启超
- 章太炎
- 蔡元培
- 谭嗣同
- 康有为
- 辜鸿铭

清
- 沈家本
- 翁同龢
- 李鸿章
- 郭嵩焘
- 左宗棠
- 冯桂芬
- 罗泽南
- 魏源
- 阮元
- 焦循
- 凌廷堪
- 王念孙　王引之
- 李光地
- 吕留良
- 李颙
- 王夫之
- 顾炎武
- 李渔

明
- 傅山
- 朱舜水
- 刘宗周
- 焦竑
- 吕坤
- 李贽
- 徐渭
- 唐顺之
- 钱德洪
- 聂豹
- 黄绾
- 王阳明
- 方孝孺
- 姚广孝
- 刘基

元
- 八思巴
- 耶律楚材

宋
- 丘处机
- 陈亮
- 杨简
- 陆九渊
- 吕祖谦
- 朱熹
- 苏轼
- 程颢　程颐
- 王安石
- 张载
- 周敦颐
- 范仲淹

五代
- 陈抟
- 杜光庭

唐
- 李翱
- 惠能
- 神秀
- 玄奘
- 成玄英
- 魏徵
- 孔颖达

隋
- 吉藏

三国两晋南北朝
- 颜之推
- 真谛
- 范缜
- 陆修静
- 竺道生
- 鸠摩罗什
- 慧远
- 道安
- 王羲之
- 葛洪
- 陈寿
- 王弼
- 嵇康
- 何晏

汉
- 郑玄
- 许慎
- 王充

先秦
- 韩非子
- 屈原
- 庄子
- 商鞅
- 孟子
- 墨子
- 管子

……

外国人物

日本
- 中江兆民
- 佐藤铁太郎

印度
- 潘尼迦
- 奥罗宾多

法国
- 德里达
- 阿尔都塞
- 加缪
- 萨特
- 卡斯泰
- 柏格森
- 若米尼
- 拿破仑
- 伏尔泰
- 笛卡儿

美国
- 罗尔斯
- 马斯洛
- 摩根索
- 斯金纳
- 罗杰斯
- 弗洛姆
- 杜威
- 马汉
- 麦迪逊

英国
- 斯温伯恩
- 威廉姆斯
- 维特根斯坦
- 罗素
- 科贝特
- 休谟
- 哈奇森
- 培根
- 莫尔

奥地利
- 波普尔
- 弗洛伊德

荷兰
- 斯宾诺莎

丹麦
- 克尔凯郭尔

德国
- 尼采
- 克劳塞维茨
- 席勒
- 康德
- 马丁·路德

意大利
- 葛兰西
- 杜黑
- 康帕内拉
- 阿奎那

罗马希腊
- 西塞罗
- 亚里士多德
- 德谟克利特
- 希罗多德
- 毕达哥拉斯

……

观大家之风流　撷人文之精粹

陈寅恪（1880～1969），近代中国融合中西、学贯古今的学术大师，百年清华四大哲人之一，史学四大家之一，也是近代集文学、语言学、历史学等方面造诣于一身的百年难见之人物。他一生求学，教书，著述，崇尚气节，奉行独立之精神、自由之思想。虽屡遭国难、家仇，中年失明，晚年膑足，但仍志存高洁，特立独行，从不曲学阿世，以文心诗骨著称，其道德懿行足为后世学人之师表。其代表作有《隋唐制度渊源略论稿》《唐代政治史述论稿》《元白诗笺证稿》《柳如是别传》等。

陕西师范大学出版总社
微信公众平台

陕西师范大学出版总社
新浪官方微博

上架建议：思想史　人物

ISBN 978-7-5613-9052-8

9 787561 390528

定价：45.00元